知识产权诉讼管辖指引

第二版

主编　陈明武

WUHAN UNIVERSITY PRESS
武汉大学出版社

图书在版编目(CIP)数据

知识产权诉讼管辖指引/陈明武主编.—2版.—武汉：武汉大学出版社,2023.9
ISBN 978-7-307-23792-6

Ⅰ.知…　Ⅱ.陈…　Ⅲ.知识产权—民事诉讼—研究—中国
Ⅳ.D923.404

中国国家版本馆 CIP 数据核字(2023)第096954号

责任编辑:陈　帆　　责任校对:李孟潇　　版式设计:韩闻锦

出版发行:**武汉大学出版社**　(430072　武昌　珞珈山)
　　　　　(电子邮箱：cbs22@ whu.edu.cn　网址：www.wdp.com.cn)
印刷:湖北恒泰印务有限公司
开本:720×1000　1/16　印张:12　字数:246千字　插页:5
版次:2021年11月第1版　　2023年9月第2版
　　2023年9月第2版第1次印刷
ISBN 978-7-307-23792-6　　定价:65.00元

作者简介 ——————————➤

陈明武　律师

广东广悦律师事务所高级合伙人、专利代理师，担任广东省律师协会商标法律专业委员会委员、广州市律师协会公平贸易法律专业委员会委员、广东知识产权保护协会专家库专家、粤港澳大湾区知识产权调解中心调解员等职务。

执业领域：知识产权争议解决、企业知识产权咨询及战略管理等法律业务。

编辑委员会

主编

陈明武

副主编

李力国

成员

陈明武	李力国	胡碧霞	欧桂莹
贺楚翔	郭景瀚	杨继芳	周　依
叶淑芬	赖鸿发	李冠民	欧俊锋

鸣谢成员

余　龙	许　敏	刘文娇	朱万昌
顾奇志	邓　捷	陈胜杰	陈少文
熊文聪	张宇枢	黄　山	胡桂芬
杨　杰	陈华平	王楚豪	曾炜斌
王伟浩	蒋瑜文	李　艺	陈　琦
余裕武	陈志超	万　方	汪　啸
兰　芳			

第二版推荐语

陈明武律师深耕知识产权执业领域,将办案经验进行积累、升级提炼成书,其执业精神值得肯定。望再接再厉,坚持律师专业化发展道路,坚持长期主义,以精湛的专业技艺帮助当事人解决知识产权领域难题。

——广州市律师协会会长、广东广悦律师事务所董事会主席　黄山

党的二十大报告提出,坚持创新在我国现代化建设全局中的核心地位,强调加强知识产权法治保障。本书的出版顺应时代发展的需求,作者从实务人士的角度对管辖问题提供业务指引,既有理论依据,又有案例支撑,值得收藏使用。

——广州市政协委员、广州国际商贸法律服务中心执行秘书长　胡桂芬

本书的推出是对第一版广受市场欢迎的回应。这本指引以其详尽而准确的内容解决了知识产权案件中最重要的问题之一——管辖权的确定。作者将知识产权领域的实战经验和专业知识结合,使得本书成为一部必备的法律工具书。第一版已获得业内专业人士的一致好评,第二版进一步完善了内容以满足不断变化的实务需求。无论是律师、法务人员还是知识产权从业者,本书都将成为他们不可或缺的参考指南。

——广东广悦律师事务所主任　杨杰

万事开头难,本书聚焦知识产权案件管辖权的确定,为办理知识产权案件开好头提供了很强的理论和实践指引,具有工具书的实用性、可检索性、便捷性!而理论与实践不断发展变化,作者与时俱进,第二版在第一版的基础上进行及时修订,有很强的实用性、时效性、针对性!

——广东省法学会法律风险管理研究会理事　陈华平

业务指引是宝贵的经验总结,是从业人员喜闻乐见的操作手册。作者从实战出发,结合法律法规和典型案例撰写了本书,深入浅出地阐述和总结了知产类诉讼案件的管辖问题。本书内容全面,逻辑清晰,实务性强,是知产专业律师必备的业务工具。

——广州市律兴律师业务发展研究院理事　王楚豪

第一版面世之后深受广大读者的喜爱,此次再版充分说明知识产权法律领域具有广阔的前景。本书囊括了知识产权领域全部案由的管辖规定,从地域管辖和级别管辖两个维度进行详细介绍,更分析了各种典型的知识产权管辖案例,内容翔实且一目了然,本书完全可以说是知识产权纠纷的立案指南。

——广东省律师协会消费者权益法律专业委员会委员、广州市律师协会白云区律工委副主任　曾炜斌

不同地区裁判尺度的不同导致知识产权案件管辖权的选择和争夺会影响案件的结果，因此高明的诉讼律师善于利用程序法的规定达到不战而屈人之兵的效果。这本专著对管辖问题做了深入研究、分析和论证，弥补了律师忽视的知识产权案件管辖权问题，给专业律师也上了一课，值得所有人仔细阅读。能把一个管辖问题研究得如此透彻，形成专著，可见作者专业功底之深。专业人士的著作和认识值得我们拜读。

——广东广信君达律师事务所高级合伙人　王伟浩

随着社会各界版权意识的不断提升，知识产权领域衍生的法律服务市场将十分广阔，而知识产权案件又是其中的基石，本书作者深耕知识产权领域十多年，既有审判者的视角，又有办案者的经验，两者在书中完美展现，内容翔实、系统清晰，是不可多得的实务书。

——北京大成（广州）律师事务所合伙人　蒋瑜文

近几年来，我国对知识产权的保护越发关注。相应地，知识产权诉讼制度、审判方式也有很大的完善。本书立足知识产权保护的实际情况，对知识产权案件管辖结合真实案例、针对现有的相关法律法规进行梳理、归纳。本书深入浅出，理论与实践并重，对律师经办知识产权案件提供了有益参考，同时也为社会公众维权、应诉提供了管辖指引，是知识产权从业人员办理知识产权案件时的实用参考书。

——广东诺臣律师事务所合伙人　李艺

指引类的著作最难写，一来有好为人师之嫌，二来有居高临下之意，往往还容易让人感觉作者在卖弄知识，毫无新意。陈明武律师深耕知识产权领域多年，深谙知识产权案件管辖的实务痛点，就此写出的专著有分享解惑之意而无教训指点之感。本书既娓娓道来，又直击要害。此次再版恰恰证明了市场对陈明武律师写作风格、知识沉淀、表达能力的充分认可。

——广东法丞汇俊律师事务所合伙人　陈琦

管辖问题向来是知识产权诉讼的重要问题，它对当事人诉讼策略的制定、案件胜算的预判、诉讼成本的预估等都有着较大的影响，因此管辖问题是知识产权律师"本能反应"需考虑的问题，而且以往管辖问题常常是知识产权律师感到困惑的。本书可谓知识产权律师的福音，梳理了有关知识产权诉讼管辖的问题，值得每位知识产权律师拥有。

——广东环球经纬律师事务所高级合伙人、暨南大学法律硕士研究生实践导师　余裕武知识产权是一个专业度非常高的细分领域，我并非知产领域的律师。我和明武是在智合学院"律所领导力与发展战略"课上相识。明武的专业、专注给我留下了非常深刻的印象；明武一直关注、思考行业性问题，乐于奉献、交流。知识产权案件的管辖规则几经调整，较为复杂。明武以其专业的态度梳理成籍，以其热心奉献的品格与同行分享。出版本书不仅有助于同行，也是一种品格的传播。

——上海中联律师事务所高级合伙人　陈志超

作者根据丰富的知识产权从业经验，以法律法规和案例深入浅出地讲解知识产权诉讼实务的管辖问题，具有实操性和指导价值。本书中关于知识产权民事诉讼中管辖问题的分析论证对广大知识产权实务工作者有很好的参考作用。

——上海中联（武汉）律师事务所主任　万方

一个偶然的机会得到了这本《知识产权诉讼管辖指引》，翻了一下目录，立刻对这本书的内容十分感兴趣，一口气读完，对知识产权管辖案件的争议有了全面、系统的认识和掌握。本书从实务的角度对知识产权纠纷案件管辖依据、各类型知识产权管辖争议案件的裁判要旨等进行了详细的归纳、总结和解析，深入浅出，逻辑结构清晰，内容全面实用。

——山东文康律师事务所副主任　汪啸

第一次看到一本专门讲关于知识产权诉讼管辖指引的书，的确是感受到了专业的精深度，且为同行做了很好的指引。无论是知识产权专业律师、其他专业律师还是公司管理人员及法务都可以直接参考，降低了专业切入门槛，节省了检索和学习时间。这是作为知识产权专业律师给行业的一种智慧奉献，同时也是其他专业律师学习的榜样。

——上海锦天城（青岛）律师事务所高级合伙人　兰芳

第一版推荐语

《知识产权诉讼管辖指引》是一本非常好的法律服务实务工具书，能够帮助知识产权律师和当事人以最快的速度确定案件诉讼管辖所在地，节约了时间，也为启动知识产权维权行动提供决策参考。同时，所编入的关于案件管辖权相关法律依据和司法案例也为律师和当事人处理案件管辖争议提供了重要参考依据。值得收藏。

——广东省知识经济发展促进会会长、广东省华南知识产权文化促进中心理事长　顾奇志

在知识产权案件中，如何快速、精准查找管辖法院，一直以来都缺少一份详细的操作指引。陈明武律师在知识产权领域具有丰富的实战经验，能够抓住第一线办案人员所需，利用专业特长整理并编写本书，难能可贵。甚至以图表的形式将全国各级法院的管辖标准作了区分，充分体现了指引的实用性和便捷性，系知识产权工作者值得拥有的工具书。

——广东省律师协会副秘书长　邓捷

处理知识产权案件首要工作就是明确管辖权，但其管辖权又尤为特殊，有"侵权行为地""侵权结果地""平台服务器所在地"等，再加上近几年，推行"知识产权案件集中管辖"制度，各地设立知识产权法院或知识产权法庭，集中受理某区域的知识产权案件，这使得知识产权案件管辖更"眼花缭乱"了。陈明武律师编撰的《知识产权诉讼管辖指引》完美地解决了这个问题，相信书籍出版后会成为每位知识产权律师案头非常实用的工具书。

——广东知识产权保护协会副会长兼秘书长　陈胜杰

本书作者具有强烈的问题意识，积极回应了当前司法实务中知识产权诉讼管辖的复杂局面，从法律法规到典型案例再到法院及相应管辖范围，层层深入。本书通过对典型案例裁判要旨的深入剖析，将当下知识产权诉讼管辖现状进行了整理和概括，并升级成理论研究，能够帮助读者更快地理解知识产权诉讼管辖问题，更好地提出知识产权案件诉讼管辖策略。

——中南财经政法大学法学院教授　陈虎（陈少文）

司法管辖虽然是一个程序法问题，但却与当事人的实体利益密切相关。由于知识产权的保护对象具有非实体性、边界不确定性、可复制性及属于企业核心竞争优势等特点，导致该领域的案件往往涉及快速的网络传播、艰深的技术理解和巨大的财产纷争，并涵盖民事救济、行政确权和刑事处罚等多个层面，这种种因素使得知识产权诉讼管辖权的分配尤为纷繁复杂。相信本书的出版能够为所有知识产权法律实践者、研究者提供便捷高效的操作指引和难能可贵的理论启迪。

——中央民族大学法学院副教授、中国法学会知识产权法学研究会理事　熊文聪

管辖权的确定是知识产权案件得以开展的前提条件之一，但现实中往往分散了律师大量的精力，也耗费了司法资源。本书从法律法规、典型案例、全国各省份具有知识产权管辖权的法院及管辖范围等方面入手，以理论为基础，以实务经验为抓手，梳理、总结了知识产权案件中管辖权判断的相关问题，内容全面、框架完整、逻辑清晰、要点详细，可以说是实务人员拿之即用的一本操作手册。

——北京大学粤港澳大湾区知识产权发展研究院首席项目执行官　张宇枢

第一版序

2021年4月26日,"世界知识产权日"暨全国知识产权宣传周活动圆满结束。继习近平总书记指示加强知识产权保护以来,国务院总理李克强又于2021年5月21日对知识产权保护、打击侵权假冒工作作出了新的批示,强调加强知识产权全链条保护,打造市场化、法治化、国际化营商环境。由此可见,保护知识产权就是保护经济发展。

广东知识产权保护协会作为一个非营利性社会团体,于成立至今的17年里,在政府、司法部门、律所和各企事业单位之间起到了知识产权保护的沟通桥梁作用,为协会会员单位中的服务机构、专业律所、高校和科技创新企业搭建了一个专业的交流平台。作为一名知识产权"老兵",与知识产权打交道已有多年,见证了我省乃至我国知识产权行业发展自星星之火到如今漫天星河的光辉历程,欣慰与自豪之情溢于言表。取得成果的背后是党和国家的大力支持与指引,协会也将继续致力于响应国家号召和社会呼应,不断为加强知识产权保护添砖加瓦。

在知识产权保护的道路上,协会里的专家、学者、律师、企业同仁等从业者凭借扎实的专业能力和丰富的实践经验砥砺前行,陈明武律师就是其中之一,其在知识产权领域已耕耘多年。当他向我提及他们团队有意出一本关于知识产权管辖类的汇编书籍时,我对此大为赞赏。知识输出并非一项简单的、机械性的工作,需要长时间的资料搜集并耗费大量精力整理汇编,甚至需要丰富的专业知识及办案经验进行提炼以及分析,方能将自己的经验和技巧融入书籍,传递给更多有需要的人。

在看到陈明武律师团队主编的《知识产权诉讼管辖指引》书稿后,我认为这本书颇为实用。它能够帮助想要从事或者对知识产权感兴趣的同仁较为快速地查找知识产权有关管辖的条款,同时对常见管辖争议的类型案例进行分类,并梳理、提炼裁判要旨,使读者可以学以致用。同时,该书将全国各省份有知识产权管辖权的法院进行了较为细致的核实、汇总归纳,为一线知识产权工作者办理案件提供了极大的便利。

　　我希望未来在知识产权保护的领域上，有更多的法律同仁秉持"穷则独善其身，达则兼济天下"的精神，将自身或团队的经验以包括文字在内的形式进行知识输出和分享，共同促进行业的进步与成长！

　　是为序！

广东知识产权保护协会

会长：朱万昌

2021 年 6 月 1 日

第二版序

在知识产权法律行业从业十几年，一直坚持认为自己是一名法律知识搬运工。理查德·萨斯坎德在《法律人的明天会怎样?》一书中提到法律知识工程师这一角色，他认为法律知识工程师就是新的职业机遇。法律知识工程师通过对海量且复杂的法律材料和流程进行分析、总结，并对其建模，然后提炼出标准化的工作流程，甚至完成一套法律服务系统成品。提炼办案要点、总结梳理，并汇编成书，即完整地呈现了法律知识工程师这一角色的重要性。对于我本人而言，将执业案例提炼，归纳法律观点，进而著书立项，不仅代表自己逐步积累进步的过程，也使我更坚信该习惯和角色将伴我执业终生。

本书是 2021 年《知识产权诉讼管辖指引》的修订版，特别针对最高人民法院于 2022 年 4 月颁布实施《最高人民法院关于印发基层人民法院管辖第一审知识产权民事、行政案件标准的通知》后涉及基层法院管辖范围作的大幅度修改，希望能为读者提供些许帮助。

知识产权法律行业将越来越好，我坚信!

主编：陈明武

2023 年 7 月 2 日

目　　录

第一编　知识产权纠纷案件管辖依据

第二编　知识产权典型案例裁判要旨及解析

第三编　基层、中级及高级人民法院管辖第一审知识产权民事、行政案件标准

第一编

知识产权纠纷案件管辖依据

第一章 地 域 管 辖

一、综合篇

（一）中华人民共和国民事诉讼法（2021 年修正）

发文机关：全国人大常委会
发文日期：2021 年 12 月 24 日
施行日期：2022 年 1 月 1 日

第二十二条 对公民提起的民事诉讼，由被告住所地人民法院管辖；被告住所地与经常居住地不一致的，由经常居住地人民法院管辖。

对法人或者其他组织提起的民事诉讼，由被告住所地人民法院管辖。

同一诉讼的几个被告住所地、经常居住地在两个以上人民法院辖区的，各该人民法院都有管辖权。

第二十四条 因合同纠纷提起的诉讼，由被告住所地或者合同履行地人民法院管辖。

第二十九条 因侵权行为提起的诉讼，由侵权行为地或者被告住所地人民法院管辖。

第三十五条 合同或者其他财产权益纠纷的当事人可以书面协议选择被告住所地、合同履行地、合同签订地、原告住所地、标的物所在地等与争议有实际联系的地点的人民法院管辖，但不得违反本法对级别管辖和专属管辖的规定。

第三十六条 两个以上人民法院都有管辖权的诉讼，原告可以向其中一个人民法院起诉；原告向两个以上有管辖权的人民法院起诉的，由最先立案的人民法院管辖。

第二百七十二条 因合同纠纷或者其他财产权益纠纷，对在中华人民共和国领域内没有住所的被告提起的诉讼，如果合同在中华人民共和国领域内签订或者履行，或者诉讼标的物在中华人民共和国领域内，或者被告在中华人民共和国领域内有可供扣押的财产，或者被告在中华人民共和国领域内设有代表机构，可以由合同签订地、合同履行地、诉讼标的物所在地、可供扣押财产所在地、侵权行为地或者代表机构住所地人民法院管辖。

（二）最高人民法院关于适用《中华人民共和国民事诉讼法》的解释（2022 年修正）

发文机关：最高人民法院

发文日期：2022 年 4 月 1 日

施行日期：2022 年 4 月 10 日

第三条　公民的住所地是指公民的户籍所在地，法人或者其他组织的住所地是指法人或者其他组织的主要办事机构所在地。

法人或者其他组织的主要办事机构所在地不能确定的，法人或者其他组织的注册地或者登记地为住所地。

第四条　公民的经常居住地是指公民离开住所地至起诉时已连续居住一年以上的地方，但公民住院就医的地方除外。

第二十四条　民事诉讼法第二十九条规定的侵权行为地，包括侵权行为实施地、侵权结果发生地。

第二十五条　信息网络侵权行为实施地包括实施被诉侵权行为的计算机等信息设备所在地，侵权结果发生地包括被侵权人住所地。

第二十七条　当事人申请诉前保全后没有在法定期间起诉或者申请仲裁，给被申请人、利害关系人造成损失引起的诉讼，由采取保全措施的人民法院管辖。

当事人申请诉前保全后在法定期间内起诉或者申请仲裁，被申请人、利害关系人因保全受到损失提起的诉讼，由受理起诉的人民法院或者采取保全措施的人民法院管辖。

（三）最高人民法院关于审查知识产权纠纷行为保全案件适用法律若干问题的规定

发文机关：最高人民法院

发文日期：2018 年 12 月 12 日

施行日期：2019 年 1 月 1 日

第三条　申请诉前行为保全，应当向被申请人住所地具有相应知识产权纠纷管辖权的人民法院或者对案件具有管辖权的人民法院提出。

当事人约定仲裁的，应当向前款规定的人民法院申请行为保全。

第十八条 被申请人依据民事诉讼法第一百零五条规定提起赔偿诉讼，申请人申请诉前行为保全后没有起诉或者当事人约定仲裁的，由采取保全措施的人民法院管辖；申请人已经起诉的，由受理起诉的人民法院管辖。

（四）最高人民法院副院长曹建明在全国法院知识产权审判工作座谈会暨优秀知识产权裁判文书颁奖会上的讲话——正确实施知识产权法律促进科技进步和经济发展加快推进社会主义现代化建设

发文机关：最高人民法院

发文日期：2002 年 10 月 15 日

施行日期：2002 年 10 月 15 日

(四)依法确定知识产权案件的管辖

知识产权案件的管辖，尤其是知识产权侵权案件管辖争议，近年来有增长趋势。在新制定的商标法和著作权法司法解释中，最高人民法院对此作出了明确规定，各级人民法院要认真贯彻执行。

上述两项司法解释规定，侵权案件由侵权行为实施地、侵权商品或者复制品的储藏地、扣押地、被告住所地人民法院管辖。储藏地是指大量或者经常性储存、隐匿侵权商品或者复制品的地点，扣押地是指海关、工商、版权等行政机关依法查封、扣押侵权商品或者复制品的地点。

正确理解和适用上述规定，应当注意：1. 对侵犯注册商标专用权、侵犯著作权纠纷案件，在符合上述规定的情形下，不再依侵权结果发生地确定管辖。其他司法解释中有关依侵权结果发生地确定管辖的规定，不再适用于注册商标专用权和著作权侵权案件。2. 上述司法解释规定的扣押地，仅指知识产权行政执法机关扣押侵权商品或者侵权复制品的地点。人民法院在诉前查封、扣押侵权商品和侵权复制品的地点，不属于上述司法解释规定的扣押地。人民法院在审查当事人诉前申请采取临时措施时，首先应当确定自己有管辖权，不得因采取诉前临时措施而认为可以取得管辖权。3. 在侵权商品或者复制品储藏地或者扣押地，当事人可以起诉实施储存、保管、运输等行为的行为人，也可以起诉该部分商品或者复制品的经销商、制造商，或者同时起诉各行为人。4. 对于侵犯著作权人的信息网络传播权的案件，仍然按照最高人民法院关于网络著作权的有关司法解释确定管辖。

（五）北京市高级人民法院关于立案审判适用法律若干问题的解答（一）

发文机关：北京市高级人民法院
发文日期：2018 年 12 月 4 日
施行日期：2018 年 12 月 4 日

（二）地域管辖相关问题

11. 当事人主张因侵权行为受到经济损失的，能否以原告账户所在地或原告住所地作为侵权结果发生地？

除法律、司法解释明确规定的名誉权纠纷、信息网络侵权纠纷等特殊案件外，侵权行为实施地和侵权结果发生地一般应视为在同一地点。不能仅因受害人起诉主张其受到经济损失，就直接以原告账户所在地或原告住所地作为侵权结果发生地。

16. 名誉权纠纷、信息网络侵权纠纷等侵权纠纷中，侵权行为发生时到起诉时，原告住所地发生变化的，起诉时原告住所地法院是否有管辖权？

名誉权纠纷、信息网络侵权纠纷等法律、司法解释明确规定原告住所地可作为侵权结果发生地的案件中，若原告住所地曾发生变更，应将原告起诉时的住所地认定为侵权结果发生地，即起诉时原告住所地法院对案件有管辖权。

（六）浙江省高级人民法院民三庭关于知识产权民事诉讼证据保全的实施意见

发文机关：浙江省高级人民法院民三庭
发文日期：2014 年 7 月
施行日期：2014 年 7 月

第二条　诉前证据保全的管辖法院为证据所在地、被申请人住所地或者对案件有管辖权的人民法院。

诉前证据保全的级别管辖适用一般知识产权民事案件诉讼级别管辖的规定。

（七）上海法院知识产权民事诉讼指南

发文机关：上海市高级人民法院
发文日期：2004 年 12 月

三、知识产权民事案件的地域管辖是如何规定的？

(一)专利侵权纠纷案件，由侵权行为地或者被告住所地人民法院管辖。侵权行为地包括：被控侵犯发明、实用新型专利权的产品的制造、使用、许诺销售、销售、进口等行为的实施地；专利方法使用行为的实施地，依照该专利方法直接获得的产品的使用、许诺销售、销售、进口等行为的实施地；外观设计专利产品的制造、销售、进口等行为的实施地；假冒他人专利的行为实施地；上述侵权行为的侵权结果发生地。

原告仅对侵权产品制造者提起诉讼，未起诉销售者，侵权产品制造地与销售地不一致的，制造地人民法院有管辖权；以制造者与销售者为共同被告起诉的，销售地人民法院有管辖权。

销售者是制造者的分支机构，原告在销售地起诉侵权产品制造者制造、销售行为的，销售地人民法院有管辖权。

(二)著作权侵权纠纷案件、商标侵权纠纷案件，由侵权行为的实施地、侵权复制品储藏地或者查封扣押地、被告住所地人民法院管辖。侵权复制品储藏地，是指大量或者经常性储存、隐匿侵权复制品所在地；查封扣押地，是指海关、版权、工商等行政机关依法查封、扣押侵权复制品所在地。

著作权侵权纠纷案件、商标侵权纠纷案件，对涉及不同侵权行为实施地的多个被告提起的共同诉讼，原告可以选择其中一个被告的侵权行为实施地人民法院管辖；仅对其中某一被告提起的诉讼，该被告侵权行为实施地的人民法院有管辖权。

(三)涉及计算机网络著作权的侵权纠纷案件由侵权行为地或者被告住所地人民法院管辖。侵权行为地包括实施被诉侵权行为的网络服务器、计算机终端等设备所在地。对难以确定侵权行为地和被告住所地的，原告发现侵权内容的计算机终端等设备所在地可以视为侵权行为地。

(四)涉及计算机网络域名的侵权纠纷案件，由侵权行为地或者被告住所地的中级人民法院管辖。对难以确定侵权行为地和被告住所地的，原告发现该域名的计算机终端等设备所在地可以视为侵权行为地。

(五)植物新品种侵权纠纷案件，由被告住所地或者侵权行为地所属的省、自治区、直辖市人民政府所在地的和最高人民法院指定的中级人民法院管辖。植物新品种侵权纠纷案件中的侵权行为地，是指未经品种权所有人许可，以商业目的生产、销售该植物新品种的繁殖材料的所在地，或者将该授权品种的繁殖材料重复使用于生产另一品种的繁殖材料的所在地。

(六)集成电路布图设计专有权侵权纠纷案件，由被告住所地或者侵权行为地所属的省、自治区、直辖市人民政府所在地的或者所属的经济特区所在地的或者所属的大连、青岛、温州、佛山、烟台市的中级人民法院管辖。

（七）其他知识产权侵权纠纷案件，由侵权行为地或者被告住所地人民法院管辖。

（八）知识产权权属纠纷案件，由被告住所地人民法院管辖。

（九）知识产权合同纠纷案件，由被告住所地或者合同履行地人民法院管辖。合同当事人可以在书面合同中协议选择被告住所地、合同履行地、合同签订地、原告住所地、标的物所在地人民法院管辖，但不得违反级别管辖和专属管辖的规定。

（八）中华全国律师协会律师办理商业秘密法律业务操作指引（2015 年修订）

发文机关：中华全国律师协会

发文日期：2015 年 10 月 1 日

施行日期：2015 年 10 月 1 日

第 120 条　【地域管辖】

120.1　侵权纠纷案件的地域管辖，可按实际情况选择在被告所在地或侵权行为地起诉，其中，侵权行为地包括侵权行为实施地和侵权结果发生地。侵权行为地应当根据原告指控的侵权人的具体侵权行为来确定。

120.2　侵权行为实施地是指被告被指控实施侵权行为的地域，包括非法获取商业秘密地、非法披露商业秘密地和非法使用商业秘密地。

120.3　侵权结果发生地，应当理解为是侵权行为直接产生的结果发生地，不能以原告受到损害就认为原告所在地就是侵权结果发生地，也不能将侵权结果到达地作为侵权结果发生地，应明确"侵权结果"针对的是哪些具体的侵权行为。

120.4　合同纠纷案件的地域管辖，可按具体情况选择在被告所在地或合同履行地起诉。

120.5　权属纠纷案件的地域管辖，可按具体情况选择在被告所在地或合同履行地起诉。

二、商标篇

（一）最高人民法院关于审理商标民事纠纷案件适用法律若干问题的解释（2020 年修正）

发文机关：最高人民法院

发文日期：2020 年 12 月 29 日

施行日期：2021 年 1 月 1 日

　　第六条　因侵犯注册商标专用权行为提起的民事诉讼，由商标法第十三条、第五十七条所规定侵权行为的实施地、侵权商品的储藏地或者查封扣押地、被告住所地人民法院管辖。

　　前款规定的侵权商品的储藏地，是指大量或者经常性储存、隐匿侵权商品所在地；查封扣押地，是指海关等行政机关依法查封、扣押侵权商品所在地。

　　第七条　对涉及不同侵权行为实施地的多个被告提起的共同诉讼，原告可以选择其中一个被告的侵权行为实施地人民法院管辖；仅对其中某一被告提起的诉讼，该被告侵权行为实施地的人民法院有管辖权。

（二）四川省高级人民法院关于印发《侵害商标权案件审理指南》的通知

发文机关：四川省高级人民法院

发文日期：2018 年 9 月 4 日

施行日期：2018 年 9 月 4 日

　　4　**【审查法院管辖权】**

　　4.1　侵害商标权案件，当事人可以自愿选择向人民法院起诉，或者向工商行政管理机关投诉。

　　4.2　侵害商标权案件，由侵权行为地、侵权商品的储藏地或者查封扣押地、被告住所地人民法院管辖。侵权行为地包括侵权行为实施地和侵权结果发生地。

　　侵害商标权案件中，如果原告通过网络购物方式购买被诉侵权产品的，不能以网络购物收货地作为侵权行为地确定管辖。

三、著作权篇

（一）最高人民法院关于审理著作权民事纠纷案件适用法律若干问题的解释（2020 年修正）

发文机关：最高人民法院

发文日期：2020 年 12 月 29 日

施行日期：2021 年 1 月 1 日

第四条 因侵害著作权行为提起的民事诉讼，由著作权法第四十七条、第四十八条所规定侵权行为的实施地、侵权复制品储藏地或者查封扣押地、被告住所地人民法院管辖。

前款规定的侵权复制品储藏地，是指大量或者经常性储存、隐匿侵权复制品所在地；查封扣押地，是指海关、版权等行政机关依法查封、扣押侵权复制品所在地。

第五条 对涉及不同侵权行为实施地的多个被告提起的共同诉讼，原告可以选择向其中一个被告的侵权行为实施地人民法院提起诉讼；仅对其中某一被告提起的诉讼，该被告侵权行为实施地的人民法院有管辖权。

（二）最高人民法院关于审理侵害信息网络传播权民事纠纷案件适用法律若干问题的规定（2020 年修正）

发文机关：最高人民法院
发文日期：2020 年 12 月 29 日
施行日期：2021 年 1 月 1 日

第十五条 侵害信息网络传播权民事纠纷案件由侵权行为地或者被告住所地人民法院管辖。侵权行为地包括实施被诉侵权行为的网络服务器、计算机终端等设备所在地。侵权行为地和被告住所地均难以确定或者在境外的，原告发现侵权内容的计算机终端等设备所在地可以视为侵权行为地。

（三）四川省高级人民法院侵害信息网络传播权纠纷案件审理指南

发文机关：四川省高级人民法院
发文日期：2018 年 11 月 17 日
施行日期：2018 年 11 月 17 日

四、管辖及诉讼时效
（一）侵害信息网络传播权纠纷案件由侵权行为地或者被告住所地人民法院管辖。
（二）侵害信息网络传播权纠纷案件中的侵权行为地，包括侵权行为实施地、侵权结果发生地。

（三）侵害信息网络传播权纠纷案件中的侵权行为实施地包括实施被诉侵权行为的网络服务器、计算机终端等设备所在地。侵权行为地和被告住所地均难以确定或者在境外的，原告发现侵权内容的计算机终端等设备所在地可以视为侵权行为地。

（四）天津法院关于侵害信息网络传播权纠纷案件审理标准（试行）

发文机关：天津市高级人民法院

发文日期：2018 年 4 月 26 日

施行日期：2018 年 4 月 26 日

3　管辖

3.1　确定案件管辖符合法律、司法解释及最高人民法院相关批复的规定。

3.2　侵害信息网络传播权纠纷案件由侵权行为地或者被告住所地人民法院管辖。

3.2.1　侵害信息网络传播权纠纷案件中的侵权行为地，包括侵权行为实施地、侵权结果发生地。

3.2.2　侵害信息网络传播权纠纷案件中的侵权行为实施地包括实施被诉侵权行为的计算机等信息设备所在地，侵权结果发生地包括被侵权人住所地。

（五）山东省高级人民法院关于审理网络著作权侵权纠纷案件的指导意见（试行）

发文机关：山东省高级人民法院

发文日期：2011 年 1 月 6 日

施行日期：2011 年 1 月 6 日

一、案件管辖确定

1. 网络著作权侵权纠纷案件管辖确定，应以《中华人民共和国民事诉讼法》和最高人民法院《关于审理涉及计算机网络著作权纠纷案件适用法律若干问题的解释》有关管辖规定为基本依据。网络著作权侵权纠纷案件由侵权行为地或被告住所地人民法院管辖。

2. 侵权行为地包括实施被诉行为的网络服务器、计算机终端等设备所在地。

实施被诉侵权行为的网络服务器所在地，是指为上传作品提供存储服务的网络服务器放置地点；实施被诉侵权行为的计算机终端等设备所在地，是指直接上传作品的用户计算机终端等设备所在地。

认定服务器的放置地点，可以网络服务提供者的住所地或经营场所为依据。被告以服务器托管等理由提出管辖权异议的，应举证证明服务器放置地点。

3. 只有在侵权行为地和被告住所地难以确定的前提下，方可以将原告发现侵权内容的计算机终端等设备所在地视为侵权行为地，由该地人民法院管辖。

（六）浙江省高级人民法院民事审判第三庭关于审理网络著作权侵权纠纷案件的若干解答意见

发文机关：浙江省高级人民法院
发文日期：2009 年 10 月 20 日
施行日期：2009 年 10 月 20 日

一、网络著作权侵权纠纷案件的管辖

1. 在何种情形下可以发现侵权内容的计算机终端等设备所在地法院为管辖法院。

对于侵权行为地或被告住所地明确的案件，不能直接以发现侵权内容的计算机终端等设备所在地作为案件管辖联结点。只有在侵权行为地和被告住所地难以确定时，才能将发现侵权内容的计算机终端等设备所在地视为侵权行为地，由该地人民法院管辖。

2. 如何确定实施被诉侵权行为的网络服务器、计算机终端等设备所在地

为上传作品提供存储服务的网络服务器放置地点可确定为实施被诉侵权行为的网络服务器所在地；直接上传作品的用户计算机终端等设备所在地可确定为实施被诉侵权行为的计算机终端等设备所在地。一般而言，可以根据网络服务提供者的住所地或者经营场所来认定服务器的放置地点，但被告以服务器托管等理由提出异议的，被告应举证证明服务器放置地点。

四、专利篇

（一）最高人民法院关于审理专利纠纷案件适用法律问题的若干规定（2020 年修正）

发文机关：最高人民法院

发文日期：2020 年 12 月 29 日
施行日期：2021 年 1 月 1 日

第二条　因侵犯专利权行为提起的诉讼，由侵权行为地或者被告住所地人民法院管辖。

侵权行为地包括：被诉侵犯发明、实用新型专利权的产品的制造、使用、许诺销售、销售、进口等行为的实施地；专利方法使用行为的实施地，依照该专利方法直接获得的产品的使用、许诺销售、销售、进口等行为的实施地；外观设计专利产品的制造、许诺销售、销售、进口等行为的实施地；假冒他人专利的行为实施地。上述侵权行为的侵权结果发生地。

第三条　原告仅对侵权产品制造者提起诉讼，未起诉销售者，侵权产品制造地与销售地不一致的，制造地人民法院有管辖权；以制造者与销售者为共同被告起诉的，销售地人民法院有管辖权。

销售者是制造者分支机构，原告在销售地起诉侵权产品制造者制造、销售行为的，销售地人民法院有管辖权。

（二）最高人民法院知识产权案件年度报告（2018 年）摘要

发文机关：最高人民法院
发文日期：2019 年
施行日期：2019 年

35. 网络环境下销售行为地的确定

在上诉人宁波奥克斯空调有限公司与被上诉人珠海格力电器股份有限公司、一审被告广州晶东贸易有限公司侵害实用新型专利权纠纷管辖权异议案（以下简称"奥克斯空调"专利侵权纠纷管辖权异议案）【（2018）最高法民辖终 93 号】中，最高人民法院指出，在网络环境下，知识产权侵权案件中的销售行为地原则上包括不以网络购买者的意志为转移的网络销售商主要经营地、被诉侵权产品储藏地、发货地或者查封扣押地等，但网络购买方可以随意选择的网络购物收货地通常不宜作为网络销售行为地。

36. 能否以销售者和制作者为共同被告在侵权产品销售地法院起诉

在前述"奥克斯空调"专利侵权纠纷管辖权异议案中，最高人民法院指出，在专利侵权案件中，如果专利权人将被诉侵权产品的制造商和销售商作为共同被告提起诉讼，基于诉讼标的的同一性以及防止判决冲突、保护当事人利益等政策原因，该诉讼构成一种特殊的必要共同诉讼。

（三）职务发明创造发明人或设计人奖励、报酬纠纷审理指引

发文机关：上海市高级人民法院
发文日期：2013 年 6 月 24 日
施行日期：2013 年 6 月 24 日

第十六条 【管辖】职务发明创造发明人、设计人奖励、报酬纠纷，属于专利纠纷，由具有专利纠纷管辖权的人民法院管辖。

《最高人民法院关于审理专利纠纷案件适用法律问题的若干规定》中已明确，人民法院受理的专利纠纷案件包括职务发明创造发明人、设计人奖励报酬纠纷案件，并实行集中管辖。2011 年民事案由规定亦将职务发明创造发明人、设计人奖励、报酬纠纷归类于专利权权属、侵权纠纷。故该类案件应由具有专利纠纷管辖权的人民法院管辖。

五、其他知识产权篇

（一）最高人民法院关于审理因垄断行为引发的民事纠纷案件应用法律若干问题的规定（2020 年修正）

发文机关：最高人民法院
发文日期：2020 年 12 月 29 日
施行日期：2021 年 1 月 1 日

第四条 垄断民事纠纷案件的地域管辖，根据案件具体情况，依照民事诉讼法及相关司法解释有关侵权纠纷、合同纠纷等的管辖规定确定。

（二）最高人民法院关于审理涉及计算机网络域名民事纠纷案件适用法律若干问题的解释（2020 年修正）

发文机关：最高人民法院
发文日期：2020 年 12 月 29 日
施行日期：2021 年 1 月 1 日

第二条　涉及域名的侵权纠纷案件，由侵权行为地或者被告住所地的中级人民法院管辖。对难以确定侵权行为地和被告住所地的，原告发现该域名的计算机终端等设备所在地可以视为侵权行为地。

（三）最高人民法院关于审理植物新品种纠纷案件若干问题的解释（2020 年修正）

发文机关：最高人民法院
发文日期：2020 年 12 月 29 日
施行日期：2021 年 1 月 1 日

第四条　以侵权行为地确定人民法院管辖的侵害植物新品种权的民事案件，其所称的侵权行为地，是指未经品种权所有人许可，生产、繁殖或者销售该授权植物新品种的繁殖材料的所在地，或者为商业目的将该授权品种的繁殖材料重复使用于生产另一品种的繁殖材料的所在地。

（四）最高人民法院关于本田技研工业株式会社与石家庄双环汽车股份有限公司、北京旭阳恒兴经贸有限公司专利纠纷案件指定管辖的通知

发文机关：最高人民法院
发文日期：2004 年 6 月 24 日
发文字号：〔2004〕民三他字第 4 号
施行日期：2004 年 6 月 24 日

一、确认不侵犯专利权诉讼属于侵权类纠纷，应当依照民事诉讼法第二十九条的规定确定地域管辖。涉及同一事实的确认不侵犯专利权诉讼和专利侵权诉讼，是当事人双方依照民事诉讼法为保护自己的权益在纠纷发生过程的不同阶段分别提起的诉讼，均属独立的诉讼，一方当事人提起的确认不侵犯专利权诉讼不因对方当事人另行提起专利侵权诉讼而被吸收。但为了避免就同一事实的案件为不同法院重复审判，人民法院应当依法移送管辖合并审理。

第二章 级 别 管 辖

第一节 以权利类型划分的级别管辖

一、综合篇

最高人民法院副院长曹建明在全国法院知识产权审判工作座谈会暨优秀知识产权裁判文书颁奖会上的讲话——正确实施知识产权法律促进科技进步和经济发展加快推进社会主义现代化建设

发文机关：最高人民法院
发文日期：2002 年 10 月 15 日
施行日期：2002 年 10 月 15 日

根据最高人民法院有关专利、商标、著作权、植物新品种、集成电路布图设计等纠纷案件的司法解释，除各高级人民法院确定可以受理部分知识产权案件的若干基层人民法院外，知识产权案件一律由中级以上人民法院管辖。专利纠纷案件、植物新品种纠纷案件、集成电路布图设计纠纷案件等必须由最高人民法院确定的中级人民法院管辖。基层法院和中级法院违反上述司法解释规定擅自审理知识产权案件的，属于程序违法，应当予以纠正。

二、商标篇

最高人民法院关于审理商标案件有关管辖和法律适用范围问题的解释（2020 年修正）

发文机关：最高人民法院

发文日期：2020 年 12 月 29 日

施行日期：2021 年 1 月 1 日

第二条 本解释第一条所列第 1 项第一审案件，由北京市高级人民法院根据最高人民法院的授权确定其辖区内有关中级人民法院管辖。

本解释第一条所列第 2 项第一审案件，根据行政诉讼法的有关规定确定管辖。

商标民事纠纷第一审案件，由中级以上人民法院管辖。

各高级人民法院根据本辖区的实际情况，经最高人民法院批准，可以在较大城市确定 1~2 个基层人民法院受理第一审商标民事纠纷案件。

三、著作权篇

最高人民法院关于审理著作权民事纠纷案件适用法律若干问题的解释（2020 年修正）

发文机关：最高人民法院

发文日期：2020 年 12 月 29 日

施行日期：2021 年 1 月 1 日

第二条 著作权民事纠纷案件，由中级以上人民法院管辖。

各高级人民法院根据本辖区的实际情况，可以报请最高人民法院批准，由若干基层人民法院管辖第一审著作权民事纠纷案件。

四、专利篇

最高人民法院关于适用《中华人民共和国民事诉讼法》的解释（2022 年修正）

发文机关：最高人民法院

发文日期：2020 年 12 月 29 日

施行日期：2021 年 1 月 1 日

第二条 专利纠纷案件由知识产权法院、最高人民法院确定的中级人民法院和基层人民法院管辖。

五、不正当竞争篇

最高人民法院关于审理不正当竞争民事案件应用法律若干问题的解释（2020 年修正）

发文机关：最高人民法院

发文日期：2020 年 12 月 29 日

施行日期：2021 年 1 月 1 日

第十八条 反不正当竞争法第五条、第九条、第十条、第十四条规定的不正当竞争民事第一审案件，一般由中级人民法院管辖。

各高级人民法院根据本辖区的实际情况，经最高人民法院批准，可以确定若干基层人民法院受理不正当竞争民事第一审案件，已经批准可以审理知识产权民事案件的基层人民法院，可以继续受理。

六、反垄断篇

最高人民法院关于审理因垄断行为引发的民事纠纷案件应用法律若干问题的规定（2020 年修正）

发文机关：最高人民法院

发文日期：2020 年 12 月 29 日

施行日期：2021 年 1 月 1 日

第三条 第一审垄断民事纠纷案件，由知识产权法院，省、自治区、直辖市人民政府所在地的市、计划单列市中级人民法院以及最高人民法院指定的中级人民法院管辖。

七、其他知识产权篇

（一）最高人民法院关于审理技术合同纠纷案件适用法律若干问题的解释（2020 年修正）

发文机关：最高人民法院

发文日期：2020 年 12 月 29 日

施行日期：2021 年 1 月 1 日

第四十三条　技术合同纠纷案件一般由中级以上人民法院管辖。

各高级人民法院根据本辖区的实际情况并报经最高人民法院批准，可以指定若干基层人民法院管辖第一审技术合同纠纷案件。

其他司法解释对技术合同纠纷案件管辖另有规定的，从其规定。

合同中既有技术合同内容，又有其他合同内容，当事人就技术合同内容和其他合同内容均发生争议的，由具有技术合同纠纷案件管辖权的人民法院受理。

（二）最高人民法院关于审理植物新品种纠纷案件若干问题的解释（2020 年修正）

发文机关：最高人民法院

发文日期：2020 年 12 月 29 日

施行日期：2021 年 1 月 1 日

第三条　本解释第一条所列第一至五类案件，由北京知识产权法院作为第一审人民法院审理；第六至十八类案件，由知识产权法院，各省、自治区、直辖市人民政府所在地和最高人民法院指定的中级人民法院作为第一审人民法院审理。

当事人对植物新品种纠纷民事、行政案件第一审判决、裁定不服，提起上诉的，由最高人民法院审理。

第二节 以法院级别划分的级别管辖

一、一般规定管辖篇

（一）中华人民共和国民事诉讼法（2021 年修正）

发文机关：全国人大常委会

发文日期：2021 年 12 月 24 日

施行日期：2022 年 1 月 1 日

第十八条 基层人民法院管辖第一审民事案件，但本法另有规定的除外。

第十九条 中级人民法院管辖下列第一审民事案件：

（一）重大涉外案件；

（二）在本辖区有重大影响的案件；

（三）最高人民法院确定由中级人民法院管辖的案件。

第二十条 高级人民法院管辖在本辖区有重大影响的第一审民事案件。

第二十一条 最高人民法院管辖下列第一审民事案件：

（一）在全国有重大影响的案件；

（二）认为应当由本院审理的案件。

（二）最高人民法院关于调整高级人民法院和中级人民法院管辖第一审民事案件标准的通知

发文机关：最高人民法院

文　　　号：法发〔2019〕14 号

发文日期：2019 年 4 月 30 日

施行日期：2019 年 5 月 1 日

各省、自治区、直辖市高级人民法院，解放军军事法院，新疆维吾尔自治区高级人民法院生产建设兵团分院：

为适应新时代审判工作发展要求，合理定位四级法院民事审判职能，促进矛盾纠纷化解重心下移，现就调整高级人民法院和中级人民法院管辖第一审民事案件标准问题，通知如下：

一、中级人民法院管辖第一审民事案件的诉讼标的额上限原则上为50亿元（人民币），诉讼标的额下限继续按照《最高人民法院关于调整地方各级人民法院管辖第一审知识产权民事案件标准的通知》（法发〔2010〕5号）、《最高人民法院关于调整高级人民法院和中级人民法院管辖第一审民商事案件标准的通知》（法发〔2015〕7号）、《最高人民法院关于明确第一审涉外民商事案件级别管辖标准以及归口办理有关问题的通知》（法〔2017〕359号）、《最高人民法院关于调整部分高级人民法院和中级人民法院管辖第一审民商事案件标准的通知》（法发〔2018〕13号）等文件执行。

二、高级人民法院管辖诉讼标的额50亿元（人民币）以上（包含本数）或者其他在本辖区有重大影响的第一审民事案件。

三、海事海商案件、涉外民事案件的级别管辖标准按照本通知执行。

四、知识产权民事案件的级别管辖标准按照本通知执行，但《最高人民法院关于知识产权法庭若干问题的规定》第二条所涉案件类型除外。

五、最高人民法院以前发布的关于第一审民事案件级别管辖标准的规定与本通知不一致的，不再适用。

本通知自2019年5月1日起实施，执行过程中遇到的问题，请及时报告我院。

最高人民法院

2019年4月30日

（三）最高人民法院关于第一审知识产权民事、行政案件管辖的若干规定

发文机关：最高人民法院

文　　号：法释〔2022〕13号

发文日期：2022年4月20日

施行日期：2022年5月1日

（2021年12月27日最高人民法院审判委员会第1858次会议通过，自2022年5月1日起施行）

为进一步完善知识产权案件管辖制度，合理定位四级法院审判职能，根据《中华人民共和国民事诉讼法》《中华人民共和国行政诉讼法》等法律规定，结合知识产权审判实践，制定本规定。

第一条　发明专利、实用新型专利、植物新品种、集成电路布图设计、技术秘

密、计算机软件的权属、侵权纠纷以及垄断纠纷第一审民事、行政案件由知识产权法院，省、自治区、直辖市人民政府所在地的中级人民法院和最高人民法院确定的中级人民法院管辖。

法律对知识产权法院的管辖有规定的，依照其规定。

第二条 外观设计专利的权属、侵权纠纷以及涉驰名商标认定第一审民事、行政案件由知识产权法院和中级人民法院管辖；经最高人民法院批准，也可以由基层人民法院管辖，但外观设计专利行政案件除外。

本规定第一条及本条第一款规定之外的第一审知识产权案件诉讼标的额在最高人民法院确定的数额以上的，以及涉及国务院部门、县级以上地方人民政府或者海关行政行为的，由中级人民法院管辖。

法律对知识产权法院的管辖有规定的，依照其规定。

第三条 本规定第一条、第二条规定之外的第一审知识产权民事、行政案件，由最高人民法院确定的基层人民法院管辖。

第四条 对新类型、疑难复杂或者具有法律适用指导意义等知识产权民事、行政案件，上级人民法院可以依照诉讼法有关规定，根据下级人民法院报请或者自行决定提级审理。

确有必要将本院管辖的第一审知识产权民事案件交下级人民法院审理的，应当依照民事诉讼法第三十九条第一款的规定，逐案报请其上级人民法院批准。

第五条 依照本规定需要最高人民法院确定管辖或者调整管辖的诉讼标的额标准、区域范围的，应当层报最高人民法院批准。

第六条 本规定自 2022 年 5 月 1 日起施行。

最高人民法院此前发布的司法解释与本规定不一致的，以本规定为准。

（四）最高人民法院关于印发基层人民法院管辖第一审知识产权民事、行政案件标准的通知

发文机关：最高人民法院

文　　　号：法〔2022〕109 号

发文日期：2022 年 4 月 20 日

施行日期：2022 年 5 月 1 日

各省、自治区、直辖市高级人民法院，解放军军事法院，新疆维吾尔自治区高级人民法院生产建设兵团分院：

根据《最高人民法院关于第一审知识产权民事、行政案件管辖的若干规定》，最高人民法院确定了具有知识产权民事、行政案件管辖权的基层人民法院及其管辖

区域、管辖第一审知识产权民事案件诉讼标的额的标准。现予以印发，自 2022 年 5 月 1 日起施行。本通知施行前已经受理的案件，仍按照原标准执行。

最高人民法院
2022 年 4 月 20 日

备注：基层人民法院管辖第一审知识产权民事、行政案件标准，详见第三编第一章《基层人民法院管辖第一审知识产权民事、行政案件标准》。

（五）最高人民法院关于知识产权法庭若干问题的规定

发文机关：最高人民法院
文　　号：法释〔2018〕22 号
发文日期：2018 年 12 月 27 日
施行日期：2019 年 1 月 1 日

为进一步统一知识产权案件裁判标准，依法平等保护各类市场主体合法权益，加大知识产权司法保护力度，优化科技创新法治环境，加快实施创新驱动发展战略，根据《中华人民共和国人民法院组织法》《中华人民共和国民事诉讼法》《中华人民共和国行政诉讼法》《全国人民代表大会常务委员会关于专利等知识产权案件诉讼程序若干问题的决定》等法律规定，结合审判工作实际，就最高人民法院知识产权法庭相关问题规定如下。

第一条　最高人民法院设立知识产权法庭，主要审理专利等专业技术性较强的知识产权上诉案件。

知识产权法庭是最高人民法院派出的常设审判机构，设在北京市。

知识产权法庭作出的判决、裁定、调解书和决定，是最高人民法院的判决、裁定、调解书和决定。

第二条　知识产权法庭审理下列案件：

（一）不服高级人民法院、知识产权法院、中级人民法院作出的发明专利、实用新型专利、植物新品种、集成电路布图设计、技术秘密、计算机软件、垄断第一审民事案件判决、裁定而提起上诉的案件；

（二）不服北京知识产权法院对发明专利、实用新型专利、外观设计专利、植物新品种、集成电路布图设计授权确权作出的第一审行政案件判决、裁定而提起上诉的案件；

（三）不服高级人民法院、知识产权法院、中级人民法院对发明专利、实用新型专利、外观设计专利、植物新品种、集成电路布图设计、技术秘密、计算机软件、垄断行政处罚等作出的第一审行政案件判决、裁定而提起上诉的案件；

（四）全国范围内重大、复杂的本条第一、二、三项所称第一审民事和行政案件；

（五）对本条第一、二、三项所称第一审案件已经发生法律效力的判决、裁定、调解书依法申请再审、抗诉、再审等适用审判监督程序的案件；

（六）本条第一、二、三项所称第一审案件管辖权争议，罚款、拘留决定申请复议，报请延长审限等案件；

（七）最高人民法院认为应当由知识产权法庭审理的其他案件。

第三条　本规定第二条第一、二、三项所称第一审案件的审理法院应当按照规定及时向知识产权法庭移送纸质和电子卷宗。

第四条　经当事人同意，知识产权法庭可以通过电子诉讼平台、中国审判流程信息公开网以及传真、电子邮件等电子方式送达诉讼文件、证据材料及裁判文书等。

第五条　知识产权法庭可以通过电子诉讼平台或者采取在线视频等方式组织证据交换、召集庭前会议等。

第六条　知识产权法庭可以根据案件情况到实地或者原审人民法院所在地巡回审理案件。

第七条　知识产权法庭采取保全等措施，依照执行程序相关规定办理。

第八条　知识产权法庭审理的案件的立案信息、合议庭组成人员、审判流程、裁判文书等向当事人和社会依法公开，同时可以通过电子诉讼平台、中国审判流程信息公开网查询。

第九条　知识产权法庭法官会议由庭长、副庭长和若干资深法官组成，讨论重大、疑难、复杂案件等。

第十条　知识产权法庭应当加强对有关案件审判工作的调研，及时总结裁判标准和审理规则，指导下级人民法院审判工作。

第十一条　对知识产权法院、中级人民法院已经发生法律效力的本规定第二条第一、二、三项所称第一审案件判决、裁定、调解书，省级人民检察院向高级人民法院提出抗诉的，高级人民法院应当告知其由最高人民检察院依法向最高人民法院提出，并由知识产权法庭审理。

第十二条　本规定第二条第一、二、三项所称第一审案件的判决、裁定或者决定，于 2019 年 1 月 1 日前作出，当事人依法提起上诉或者申请复议的，由原审人民法院的上一级人民法院审理。

第十三条　本规定第二条第一、二、三项所称第一审案件已经发生法律效力的判决、裁定、调解书，于 2019 年 1 月 1 日前作出，对其依法申请再审、抗诉、再审的，适用《中华人民共和国民事诉讼法》《中华人民共和国行政诉讼法》有关规定。

第十四条　本规定施行前经批准可以受理专利、技术秘密、计算机软件、垄断第一审民事和行政案件的基层人民法院，不再受理上述案件。

对于基层人民法院 2019 年 1 月 1 日尚未审结的前款规定的案件，当事人不服其判决、裁定依法提起上诉的，由其上一级人民法院审理。

第十五条　本规定自 2019 年 1 月 1 日起施行。最高人民法院此前发布的司法解释与本规定不一致的，以本规定为准。

（六）最高人民法院关于调整地方各级人民法院管辖第一审知识产权民事案件标准的通知

发文机关：最高人民法院
文　　　号：法发〔2010〕5 号
发文日期：2010 年 1 月 28 日
施行日期：2010 年 2 月 1 日

各省、自治区、直辖市高级人民法院，解放军军事法院，新疆维吾尔自治区高级人民法院生产建设兵团分院：

为进一步加强最高人民法院和高级人民法院的知识产权审判监督和业务指导职能，合理均衡各级人民法院的工作负担，根据人民法院在知识产权民事审判工作中贯彻执行修改后的民事诉讼法的实际情况，现就调整地方各级人民法院管辖第一审知识产权民事案件标准问题，通知如下：

一、高级人民法院管辖诉讼标的额在 2 亿元以上的第一审知识产权民事案件，以及诉讼标的额在 1 亿元以上且当事人一方住所地不在其辖区或者涉外、涉港澳台的第一审知识产权民事案件。

二、对于本通知第一项标准以下的第一审知识产权民事案件，除应当由经最高人民法院指定具有一般知识产权民事案件管辖权的基层人民法院管辖的以外，均由中级人民法院管辖。

三、经最高人民法院指定具有一般知识产权民事案件管辖权的基层人民法院，可以管辖诉讼标的额在 500 万元以下的第一审一般知识产权民事案件，以及诉讼标的额在 500 万元以上 1000 万元以下且当事人住所地均在其所属高级或中级人民法院辖区的第一审一般知识产权民事案件，具体标准由有关高级人民法院自行确定并报最高人民法院批准。

四、对重大疑难、新类型和在适用法律上有普遍意义的知识产权民事案件，可以依照民事诉讼法第三十九条的规定，由上级人民法院自行决定由其审理，或者根据下级人民法院报请决定由其审理。

五、对专利、植物新品种、集成电路布图设计纠纷案件和涉及驰名商标认定的纠纷案件以及垄断纠纷案件等特殊类型的第一审知识产权民事案件，确定管辖时还应当符合最高人民法院有关上述案件管辖的特别规定。

六、军事法院管辖军内第一审知识产权民事案件的标准，参照当地同级地方人民法院的标准执行。

七、本通知下发后，需要新增指定具有一般知识产权民事案件管辖权的基层人民法院的，有关高级人民法院应将该基层人民法院管辖第一审一般知识产权民事案件的标准一并报最高人民法院批准。

八、本通知所称"以上"包括本数，"以下"不包括本数。

九、本通知自 2010 年 2 月 1 日起执行。之前已经受理的案件，仍按照各地原标准执行。

本通知执行过程中遇到的问题，请及时报告最高人民法院。

二〇一〇年一月二十八日

二、知识产权法院管辖篇

（一）全国人民代表大会常务委员会关于在北京、上海、广州设立知识产权法院的决定

发文机关：全国人大常委会
发文日期：2014 年 8 月 31 日
施行日期：2014 年 8 月 31 日

为推动实施国家创新驱动发展战略，进一步加强知识产权司法保护，切实依法保护权利人合法权益，维护社会公共利益，根据宪法和人民法院组织法，特作如下决定：

一、在北京、上海、广州设立知识产权法院。

知识产权法院审判庭的设置，由最高人民法院根据知识产权案件的类型和数量确定。

二、知识产权法院管辖有关专利、植物新品种、集成电路布图设计、技术秘密等专业技术性较强的第一审知识产权民事和行政案件。

不服国务院行政部门裁定或者决定而提起的第一审知识产权授权确权行政案件，由北京知识产权法院管辖。

知识产权法院对第一款规定的案件实行跨区域管辖。在知识产权法院设立的三年内，可以先在所在省（直辖市）实行跨区域管辖。

三、知识产权法院所在市的基层人民法院第一审著作权、商标等知识产权民事和行政判决、裁定的上诉案件，由知识产权法院审理。

四、知识产权法院第一审判决、裁定的上诉案件，由知识产权法院所在地的高级人民法院审理。

五、知识产权法院审判工作受最高人民法院和所在地的高级人民法院监督。知识产权法院依法接受人民检察院法律监督。

六、知识产权法院院长由所在地的市人民代表大会常务委员会主任会议提请本级人民代表大会常务委员会任免。

知识产权法院副院长、庭长、审判员和审判委员会委员，由知识产权法院院长提请所在地的市人民代表大会常务委员会任免。

知识产权法院对所在地的市人民代表大会常务委员会负责并报告工作。

七、本决定施行满三年，最高人民法院应当向全国人民代表大会常务委员会报告本决定的实施情况。

八、本决定自公布之日起施行。

（二）最高人民法院关于知识产权法院案件管辖等有关问题的通知

发文机关：最高人民法院

文　　　号：法〔2014〕338 号

发文日期：2014 年 12 月 24 日

施行日期：2015 年 1 月 1 日

各省、自治区、直辖市高级人民法院，解放军军事法院，新疆维吾尔自治区高级人民法院生产建设兵团分院：

为进一步明确知识产权法院案件管辖等有关问题，依法及时受理知识产权案件，保障当事人诉讼权利，根据《中华人民共和国民事诉讼法》《中华人民共和国行政诉讼法》《全国人民代表大会常务委员会关于在北京、上海、广州设立知识产权法院的决定》《最高人民法院关于北京、上海、广州知识产权法院案件管辖的规定》等规定，结合审判实际，现就有关问题通知如下：

一、知识产权法院所在市辖区内的第一审知识产权民事案件，除法律和司法解释规定应由知识产权法院管辖外，由基层人民法院管辖，不受诉讼标的额的限制。

不具有知识产权民事案件管辖权的基层人民法院辖区内前款所述案件，由所在地高级人民法院报请最高人民法院指定具有知识产权民事案件管辖权的基层人民法院跨区域管辖。

二、知识产权法院对所在市的基层人民法院管辖的重大涉外或者有重大影响的第一审知识产权案件，可以根据民事诉讼法第三十八条的规定提级审理。

知识产权法院所在市的基层人民法院对其所管辖的第一审知识产权案件，认为需要由知识产权法院审理的，可以报请知识产权法院审理。

三、知识产权法院管辖所在市辖区内的第一审垄断民事纠纷案件。

广州知识产权法院对广东省内的第一审垄断民事纠纷实行跨区域管辖。

四、对知识产权法院所在市的基层人民法院已经发生法律效力的知识产权民事和行政判决、裁定、调解书，当事人依法可以向该基层人民法院或者知识产权法院申请再审。

对知识产权法院已经发生法律效力的民事和行政判决、裁定、调解书，当事人依法可以向该知识产权法院或者其所在地的高级人民法院申请再审；当事人依法向知识产权法院所在地的高级人民法院申请再审的，由该高级人民法院知识产权审判庭审理。

五、利害关系人或者当事人向知识产权法院申请证据保全、行为保全、财产保全的，知识产权法院应当依法及时受理；裁定采取相关措施的，应当立即执行。

六、知识产权法院审理的第一审案件，生效判决、裁定、调解书需要强制执行的，知识产权法院所在地的高级人民法院可指定辖区内其他中级人民法院执行。

七、本通知自 2015 年 1 月 1 日起施行。

施行中如有新情况，请及时层报最高人民法院。

（三）最高人民法院关于北京、上海、广州知识产权法院案件管辖的规定（2020 年修正）

发文机关：最高人民法院
文　　号：法释〔2020〕19 号
发文日期：2020 年 12 月 29 日
施行日期：2021 年 1 月 1 日

（2014 年 10 月 27 日最高人民法院审判委员会第 1628 次会议通过，根据 2020 年 12 月 23 日最高人民法院审判委员会第 1823 次会议通过的《最高人民法院关于修改〈最高人民法院关于审理侵犯专利权纠纷案件应用法律若干问题的解释（二）〉等

十八件知识产权类司法解释的决定》修正）

为进一步明确北京、上海、广州知识产权法院的案件管辖，根据《中华人民共和国民事诉讼法》《中华人民共和国行政诉讼法》《全国人民代表大会常务委员会关于在北京、上海、广州设立知识产权法院的决定》等规定，制定本规定。

第一条 知识产权法院管辖所在市辖区内的下列第一审案件：

（一）专利、植物新品种、集成电路布图设计、技术秘密、计算机软件民事和行政案件；

（二）对国务院部门或者县级以上地方人民政府所作的涉及著作权、商标、不正当竞争等行政行为提起诉讼的行政案件；

（三）涉及驰名商标认定的民事案件。

第二条 广州知识产权法院对广东省内本规定第一条第（一）项和第（三）项规定的案件实行跨区域管辖。

第三条 北京市、上海市各中级人民法院和广州市中级人民法院不再受理知识产权民事和行政案件。

广东省其他中级人民法院不再受理本规定第一条第（一）项和第（三）项规定的案件。

北京市、上海市、广东省各基层人民法院不再受理本规定第一条第（一）项和第（三）项规定的案件。

第四条 案件标的既包含本规定第一条第（一）项和第（三）项规定的内容，又包含其他内容的，按本规定第一条和第二条的规定确定管辖。

第五条 下列第一审行政案件由北京知识产权法院管辖：

（一）不服国务院部门作出的有关专利、商标、植物新品种、集成电路布图设计等知识产权的授权确权裁定或者决定的；

（二）不服国务院部门作出的有关专利、植物新品种、集成电路布图设计的强制许可决定以及强制许可使用费或者报酬的裁决的；

（三）不服国务院部门作出的涉及知识产权授权确权的其他行政行为的。

第六条 当事人对知识产权法院所在市的基层人民法院作出的第一审著作权、商标、技术合同、不正当竞争等知识产权民事和行政判决、裁定提起的上诉案件，由知识产权法院审理。

第七条 当事人对知识产权法院作出的第一审判决、裁定提起的上诉案件和依法申请上一级法院复议的案件，由知识产权法院所在地的高级人民法院知识产权审判庭审理，但依法应由最高人民法院审理的除外。

第八条 知识产权法院所在省（直辖市）的基层人民法院在知识产权法院成立前已经受理但尚未审结的本规定第一条第（一）项和第（三）项规定的案件，由该基层人民法院继续审理。

除广州市中级人民法院以外，广东省其他中级人民法院在广州知识产权法院成立前已经受理但尚未审结的本规定第一条第（一）项和第（三）项规定的案件，由该中级人民法院继续审理。

（四）全国人民代表大会常务委员会关于设立海南自由贸易港知识产权法院的决定

发文机关：全国人大常委会

发文日期：2020 年 12 月 26 日

施行日期：2021 年 1 月 1 日

为加大知识产权司法保护力度，营造良好营商环境，推进中国特色自由贸易港建设，根据宪法和人民法院组织法，特作如下决定：

一、设立海南自由贸易港知识产权法院。

海南自由贸易港知识产权法院审判庭的设置，由最高人民法院根据知识产权案件的类型和数量决定。

二、海南自由贸易港知识产权法院管辖以下案件：

（一）海南省有关专利、技术秘密、计算机软件、植物新品种、集成电路布图设计、涉及驰名商标认定及垄断纠纷等专业性、技术性较强的第一审知识产权民事、行政案件；

（二）前项规定以外的由海南省的中级人民法院管辖的第一审知识产权民事、行政和刑事案件；

（三）海南省基层人民法院第一审知识产权民事、行政和刑事判决、裁定的上诉、抗诉案件；

（四）最高人民法院确定由其管辖的其他案件。

应由海南自由贸易港知识产权法院审理的第一审知识产权刑事案件，由海南省人民检察院第一分院提起公诉。海南省基层人民法院第一审知识产权刑事判决、裁定的上诉、抗诉案件，由海南省人民检察院第一分院依法履行相应检察职责。

海南自由贸易港知识产权法院第一审判决、裁定的上诉案件，由海南省高级人民法院审理，法律有特殊规定的除外。

三、海南自由贸易港知识产权法院对海南省人民代表大会常务委员会负责并报告工作。

海南自由贸易港知识产权法院审判工作受最高人民法院和海南省高级人民法院监督。海南自由贸易港知识产权法院依法接受人民检察院法律监督。

四、海南自由贸易港知识产权法院院长由海南省人民代表大会常务委员会主任会议提请海南省人民代表大会常务委员会任免。

海南自由贸易港知识产权法院副院长、审判委员会委员、庭长、副庭长、审判员由海南自由贸易港知识产权法院院长提请海南省人民代表大会常务委员会任免。

五、本决定自 2021 年 1 月 1 日起施行。

三、互联网法院管辖篇

（一）最高人民法院关于互联网法院审理案件若干问题的规定

（2018 年 9 月 3 日最高人民法院审判委员会第 1747 次会议通过，自 2018 年 9 月 7 日起施行）

发文机关：最高人民法院

文　　号：法释〔2018〕16 号

发文日期：2018 年 9 月 6 日

施行日期：2018 年 9 月 7 日

《最高人民法院关于互联网法院审理案件若干问题的规定》已于 2018 年 9 月 3 日由最高人民法院审判委员会第 1747 次会议通过，现予公布，自 2018 年 9 月 7 日起施行。

最高人民法院

2018 年 9 月 6 日

为规范互联网法院诉讼活动，保护当事人及其他诉讼参与人合法权益，确保公正高效审理案件，根据《中华人民共和国民事诉讼法》《中华人民共和国行政诉讼法》等法律，结合人民法院审判工作实际，就互联网法院审理案件相关问题规定如下。

第一条　互联网法院采取在线方式审理案件，案件的受理、送达、调解、证据交换、庭前准备、庭审、宣判等诉讼环节一般应当在线上完成。

根据当事人申请或者案件审理需要，互联网法院可以决定在线下完成部分诉讼环节。

第二条　北京、广州、杭州互联网法院集中管辖所在市的辖区内应当由基层人民法院受理的下列第一审案件：

（一）通过电子商务平台签订或者履行网络购物合同而产生的纠纷；

（二）签订、履行行为均在互联网上完成的网络服务合同纠纷；

（三）签订、履行行为均在互联网上完成的金融借款合同纠纷、小额借款合同纠纷；

（四）在互联网上首次发表作品的著作权或者邻接权权属纠纷；

（五）在互联网上侵害在线发表或者传播作品的著作权或者邻接权而产生的纠纷；

（六）互联网域名权属、侵权及合同纠纷；

（七）在互联网上侵害他人人身权、财产权等民事权益而产生的纠纷；

（八）通过电子商务平台购买的产品，因存在产品缺陷，侵害他人人身、财产权益而产生的产品责任纠纷；

（九）检察机关提起的互联网公益诉讼案件；

（十）因行政机关作出互联网信息服务管理、互联网商品交易及有关服务管理等行政行为而产生的行政纠纷；

（十一）上级人民法院指定管辖的其他互联网民事、行政案件。

第三条 当事人可以在本规定第二条确定的合同及其他财产权益纠纷范围内，依法协议约定与争议有实际联系地点的互联网法院管辖。

电子商务经营者、网络服务提供商等采取格式条款形式与用户订立管辖协议的，应当符合法律及司法解释关于格式条款的规定。

第四条 当事人对北京互联网法院作出的判决、裁定提起上诉的案件，由北京市第四中级人民法院审理，但互联网著作权权属纠纷和侵权纠纷、互联网域名纠纷的上诉案件，由北京知识产权法院审理。

当事人对广州互联网法院作出的判决、裁定提起上诉的案件，由广州市中级人民法院审理，但互联网著作权权属纠纷和侵权纠纷、互联网域名纠纷的上诉案件，由广州知识产权法院审理。

当事人对杭州互联网法院作出的判决、裁定提起上诉的案件，由杭州市中级人民法院审理。

......

第二十三条 本规定自 2018 年 9 月 7 日起施行。最高人民法院之前发布的司法解释与本规定不一致的，以本规定为准。

（二）杭州互联网法院涉互联网案件起诉及管辖指引

发文日期：2017 年 8 月 18 日

施行日期：2017 年 8 月 18 日

一、根据《最高人民法院关于印发〈关于设立杭州互联网法院的方案〉的通知》，自 2017 年 8 月 18 日起，本院集中管辖杭州市辖区内基层人民法院有管辖权的下列涉互联网一审民事、行政案件：

1. 互联网购物、服务、小额金融借款等合同纠纷；

2. 互联网著作权权属、侵权纠纷；

3. 利用互联网侵害他人人格权纠纷；

4. 互联网购物产品责任侵权纠纷；

5. 互联网域名纠纷；

6. 因互联网行政管理引发的行政纠纷。

上级人民法院可以指定杭州互联网法院管辖其他涉互联网民事、行政案件。

不服本院第一审判决、裁定的上诉、抗诉案件，由杭州市中级人民法院审理。

二、上述涉网一审民事案件的具体范围如下：

1. 互联网购物合同纠纷，是指出卖人将标的物在互联网上展示并发出要约，买受人通过互联网检索信息并作出购买承诺，双方形成合意而订立买卖合同，因该合同的签订或履行而引发的纠纷。

2. 互联网服务合同纠纷，是指因网络服务商给消费者提供通路以使消费者与因特网连线的中介服务或者提供内容服务的合同而引发的纠纷。

3. 互联网小额金融借款合同纠纷，是指合同签订及履行均完成于互联网的，因借款人向金融机构借款，到期返还借款并支付利息的金融借款合同而引发的纠纷及因借款人向金融机构或小额贷款公司借小额款项，到期返还借款并支付利息的小额借款合同而引发的纠纷。小额借款合同为 50 万元以下（包括本数）。

4. 互联网购物产品侵权责任纠纷，是指在网络购物中，因产品的生产者、销售者生产、销售缺陷产品致使他人遭受人身伤害、财产损失，或者有使他人遭受人身伤害和财产损失的危险的，因主张产品的生产者、销售者应承担侵权责任而引发的纠纷。

5. 互联网著作权权属、侵权纠纷，是指网络作品（以数字化形式创作，且首次公开发表在互联网的作品，如网络小说、网络电影、网络游戏等，不包括计算机软件程序）的权属、侵权纠纷，以及侵害非网络作品信息网络传播权纠纷。

6. 互联网域名纠纷，是指网络域名合同纠纷及网络域名权属、侵权纠纷。包括网络域名注册合同纠纷、网络域名转让合同纠纷、网络域名许可使用合同纠纷、网络域名权属纠纷、侵害网络域名纠纷。

7. 利用互联网侵害他人人格权纠纷，是指在互联网上侵害他人名誉权以及利用互联网侵害他人隐私权、个人信息而引起的纠纷。

三、因互联网行政管理引发的一审行政案件是指有关行政执法部门依据《中华人民共和国网络安全法》等进行行政管理引发的一审行政诉讼案件。

（三）最高人民法院印发《关于增设北京互联网法院、广州互联网法院的方案》的通知

发文机关：最高人民法院

文　　　号：法〔2018〕216 号

发布日期：2018 年 8 月 9 日

实施日期：2018 年 8 月 9 日

北京市高级人民法院、广东省高级人民法院：

　　《关于增设北京互联网法院、广州互联网法院的方案》已经中央领导同志批准，现予印发，请你们及时报告北京市委、广东省委后尽快组织实施。实施中的新情况、新问题，请及时报告我院。

最高人民法院

2018 年 8 月 9 日

关于增设北京互联网法院、广州互联网法院的方案

　　为深入贯彻习近平新时代中国特色社会主义思想，贯彻党的十九大和十九届二中、三中全会精神，坚持以人民为中心发展思想，深化司法体制综合配套改革，维护网络安全和秩序，满足新时代人民群众多元司法需求，在总结杭州互联网法院试点经验基础上，结合人民法院工作实际，就增设北京互联网法院、广州互联网法院提出如下方案。

　　一、主要目标

　　总结推广"网上案件网上审理"的新型审理机制，确保公正、高效、便捷处理各类涉互联网纠纷；探索构建适应互联网时代需求的新型诉讼规则；健全完善专业化审判机制，通过依法审理各类新型涉互联网案件，总结提炼法律规则，推动网络空间治理法治化，强化我国在网络空间治理的国际话语权和规则制定权。

　　二、总体思路

　　按照"立足实际、依法有序、统筹兼顾、分步推进"的原则，综合考虑互联网产业发展、涉互联网案件数量类型、司法审判软硬件基础等因素，稳妥推进增设互联网法院工作：一是回应社会司法需求。优先选择互联网产业发达、涉网案件较多、技术条件具备、人才储备充分的地区增设互联网法院，集中受理辖区内特定类型第一审涉互联网案件。二是科学确定管辖范围。集中受理互联网特性突出、适宜

在线审理的案件，推动繁荣数字经济、促进网络空间治理、确立互联网司法规则。三是健全完善诉讼规则。规范在线审理机制，拓展互联网法院创新空间，推动司法审判、诉讼机制与互联网技术深度融合。四是探索构建统一诉讼平台。推动互联网法院与相关国家机关、组织机构、主要电子商务平台信息交互共享，打破信息壁垒。

三、主要内容

(一)设置地点和管辖区域

在北京市设立北京互联网法院，撤销北京铁路运输法院。在广东省广州市设立广州互联网法院，撤销广州铁路运输第二法院。互联网法院集中管辖所在市辖区内特定类型涉互联网第一审案件。原铁路运输法院管辖的案件由相关高级人民法院指定辖区内其他基层人民法院办理。

(二)管辖范围和上诉机制

北京、广州互联网法院分别管辖北京市、广州市辖区内应当由基层人民法院审理的下列案件：1.互联网购物、服务合同纠纷；2.互联网金融借款、小额借款合同纠纷；3.互联网著作权权属和侵权纠纷；4.互联网域名纠纷；5.互联网侵权责任纠纷；6.互联网购物产品责任纠纷；7.检察机关提起的涉互联网公益诉讼案件；8.因对互联网进行行政管理引发的行政纠纷；9.上级法院指定管辖的其他涉互联网民事、行政案件。

不服北京互联网法院第一审判决、裁定的上诉、抗诉案件，由北京市第四中级人民法院审理，但涉互联网著作权权属和侵权纠纷、互联网域名纠纷的上诉、抗诉案件，由北京知识产权法院审理。

不服广州互联网法院第一审判决、裁定的上诉、抗诉案件，由广州市中级人民法院审理，但涉互联网著作权权属和侵权纠纷、互联网域名纠纷的上诉、抗诉案件，由广州知识产权法院审理。

北京、广州互联网法院审判工作依法接受人民检察院的法律监督。

四、工作步骤

增设互联网法院的方案经中央批准后，相关工作拟按以下步骤推进。

(一)最高人民法院会同北京市、广东省广州市相关部门，于2018年9月底前完成北京、广州互联网法院的具体组建和正式挂牌工作。

(二)最高人民法院制定发布关于互联网法院审理案件的司法解释，明确互联网法院案件管辖范围，健全完善适应互联网审判特点的诉讼规则。

(四)北京市高级人民法院关于北京互联网法院案件管辖的规定

发文机关：北京市高级人民法院

发文日期：2018 年 9 月 8 日

施行日期：2018 年 9 月 9 日

为明确北京互联网法院的案件管辖范围，根据《中华人民共和国民事诉讼法》《中华人民共和国行政诉讼法》等法律及《最高人民法院关于互联网法院审理案件若干问题的规定》，制定本规定。

第一条　北京互联网法院集中管辖北京市的辖区内应当由基层人民法院受理的下列第一审案件：

（一）通过电子商务平台签订或者履行网络购物合同而产生的纠纷；

（二）签订、履行行为均在互联网上完成的网络服务合同纠纷；

（三）签订、履行行为均在互联网上完成的金融借款合同纠纷、小额借款合同纠纷；

（四）在互联网上首次发表作品的著作权或者邻接权权属纠纷；

（五）在互联网上侵害在线发表或者传播作品的著作权或者邻接权而产生的纠纷；

（六）互联网域名权属、侵权及合同纠纷；

（七）在互联网上侵害他人人身权、财产权等民事权益而产生的纠纷；

（八）通过电子商务平台购买的产品，因存在产品缺陷，侵害他人人身、财产权益而产生的产品责任纠纷；

（九）检察机关提起的互联网公益诉讼案件；

（十）因行政机关作出互联网信息服务管理、互联网商品交易及有关服务管理等行政行为而产生的行政纠纷；

（十一）北京市高级人民法院指定管辖的其他互联网民事、行政案件。

第二条　在本规定第一条确定的合同及其他财产权益纠纷范围内，与争议有实际联系的地点在北京市的，当事人可以依法协议约定纠纷由北京互联网法院管辖。

电子商务经营者、网络服务提供商等采取格式条款形式与用户订立管辖协议的，应当符合法律及司法解释关于格式条款的规定。

第三条　北京互联网法院依照《中华人民共和国民事诉讼法》《中华人民共和国行政诉讼法》的规定受理申请再审审查案件、再审案件、执行案件。

第四条　当事人对北京互联网法院作出的判决、裁定提起上诉的案件，由北京市第四中级人民法院审理，但互联网著作权权属纠纷和侵权纠纷、互联网域名纠纷的上诉案件，由北京知识产权法院审理。

对北京互联网法院作出的执行异议裁定、执行决定申请复议的，由北京市第四中级人民法院受理。

第五条　2018 年 9 月 9 日之前，当事人已经向北京市其他基层人民法院提交本规定第一条规定的纠纷的起诉材料，但尚未立案或已经立案尚未审结的，由原基层人民法院继续办理。

第六条　本规定自 2018 年 9 月 9 日起施行，此前规定与本规定不一致的，适用本规定。

（五）广东省高级人民法院关于广州互联网法院案件管辖的规定

发文机关：广东省高级人民法院
文　　号：粤高法发〔2018〕4 号
发文日期：2018 年 9 月 25 日
施行日期：2018 年 9 月 28 日

为明确广州互联网法院的案件管辖范围，根据《中华人民共和国民事诉讼法》《中华人民共和国行政诉讼法》等法律以及《最高人民法院关于互联网法院审理案件若干问题的规定》，制定本规定。

第一条　广州互联网法院集中管辖广州市辖区内应当由基层人民法院受理的下列第一审案件：

（一）通过电子商务平台签订或者履行网络购物合同而产生的纠纷；

（二）签订、履行行为均在互联网上完成的网络服务合同纠纷；

（三）签订、履行行为均在互联网上完成的金融借款合同纠纷、小额借款合同纠纷；

（四）在互联网上首次发表作品的著作权或者邻接权权属纠纷；

（五）在互联网上侵害在线发表或者传播作品的著作权或者邻接权而产生的纠纷；

（六）互联网域名权属、侵权及合同纠纷；

（七）在互联网上侵害他人人身权、财产权等民事权益而产生的纠纷；

（八）通过电子商务平台购买的产品，因存在产品缺陷，侵害他人人身、财产权益而产生的产品责任纠纷；

（九）检察机关提起的互联网公益诉讼案件；

（十）因行政机关作出互联网信息服务管理、互联网商品交易及有关服务管理等行政行为而产生的行政纠纷；

（十一）上级人民法院指定管辖的其他互联网民事、行政案件。

第二条　在本规定第一条确定的合同及其他财产权益纠纷范围内，与争议有实际联系的地点在广州市的，当事人可以依法协议约定纠纷由广州互联网法院管辖。

电子商务经营者、网络服务提供商等采取格式条款形式与用户订立管辖协议的，应当符合法律及司法解释关于格式条款的规定。

第三条 广州互联网法院依照《中华人民共和国民事诉讼法》《中华人民共和国行政诉讼法》的规定受理申请再审审查案件、再审案件、执行案件。

第四条 当事人对广州互联网法院作出的民事判决、裁定提起上诉（包括对执行异议裁定、执行决定申请复议）的案件，由广州市中级人民法院审理。

对广州互联网法院作出的行政判决、裁定提起上诉（包括对执行异议裁定、执行决定申请复议）的案件，由广州铁路运输中级法院审理。

对广州互联网法院作出的互联网著作权权属纠纷和侵权纠纷、互联网域名纠纷以及涉互联网行政纠纷的判决、裁定提起上诉（包括对执行异议裁定、执行决定申请复议）的案件，由广州知识产权法院审理。

第五条 2018年9月28日之前，当事人已经向广州市其他基层人民法院提交本规定第一条规定的纠纷的起诉材料，由已受理案件的基层人民法院继续办理。

第六条 广州市其他基层人民法院受理的本规定第一条规定的案件，发回重审、指令再审的，由原基层人民法院审理。

第七条 本规定自2018年9月28日起施行，此前规定与本规定不一致的，适用本规定。

第三章　管辖争议的程序及步骤

一、一般规定篇

（一）中华人民共和国民事诉讼法（2021 年修正）

发文机关：全国人大常委会
发文日期：2021 年 12 月 24 日
施行日期：2022 年 1 月 1 日

第三十六条　两个以上人民法院都有管辖权的诉讼，原告可以向其中一个人民法院起诉；原告向两个以上有管辖权的人民法院起诉的，由最先立案的人民法院管辖。

第三十七条　人民法院发现受理的案件不属于本院管辖的，应当移送有管辖权的人民法院，受移送的人民法院应当受理。受移送的人民法院认为受移送的案件依照规定不属于本院管辖的，应当报请上级人民法院指定管辖，不得再自行移送。

第三十八条　有管辖权的人民法院由于特殊原因，不能行使管辖权的，由上级人民法院指定管辖。

人民法院之间因管辖权发生争议，由争议双方协商解决；协商解决不了的，报请它们的共同上级人民法院指定管辖。

第三十九条　上级人民法院有权审理下级人民法院管辖的第一审民事案件；确有必要将本院管辖的第一审民事案件交下级人民法院审理的，应当报请其上级人民法院批准。

下级人民法院对它所管辖的第一审民事案件，认为需要由上级人民法院审理的，可以报请上级人民法院审理。

（二）最高人民法院关于适用《中华人民共和国民事诉讼法》的解释（2022 年修正）

发文机关：最高人民法院
发文日期：2022 年 4 月 1 日
施行日期：2022 年 4 月 10 日

第三十六条 两个以上人民法院都有管辖权的诉讼，先立案的人民法院不得将案件移送给另一个有管辖权的人民法院。人民法院在立案前发现其他有管辖权的人民法院已先立案的，不得重复立案；立案后发现其他有管辖权的人民法院已先立案的，裁定将案件移送给先立案的人民法院。

第三十七条 案件受理后，受诉人民法院的管辖权不受当事人住所地、经常居住地变更的影响。

第三十八条 有管辖权的人民法院受理案件后，不得以行政区域变更为由，将案件移送给变更后有管辖权的人民法院。判决后的上诉案件和依审判监督程序提审的案件，由原审人民法院的上级人民法院进行审判；上级人民法院指令再审、发回重审的案件，由原审人民法院再审或者重审。

第三十九条 人民法院对管辖异议审查后确定有管辖权的，不因当事人提起反诉、增加或者变更诉讼请求等改变管辖，但违反级别管辖、专属管辖规定的除外。

人民法院发回重审或者按第一审程序再审的案件，当事人提出管辖异议的，人民法院不予审查。

第四十条 依照民事诉讼法第三十八条第二款规定，发生管辖权争议的两个人民法院因协商不成报请它们的共同上级人民法院指定管辖时，双方为同属一个地、市辖区的基层人民法院的，由该地、市的中级人民法院及时指定管辖；同属一个省、自治区、直辖市的两个人民法院的，由该省、自治区、直辖市的高级人民法院及时指定管辖；双方为跨省、自治区、直辖市的人民法院，高级人民法院协商不成的，由最高人民法院及时指定管辖。

依照前款规定报请上级人民法院指定管辖时，应当逐级进行。

第四十一条 人民法院依照民事诉讼法第三十八条第二款规定指定管辖的，应当作出裁定。

对报请上级人民法院指定管辖的案件，下级人民法院应当中止审理。指定管辖裁定作出前，下级人民法院对案件作出判决、裁定的，上级人民法院应当在裁定指定管辖的同时，一并撤销下级人民法院的判决、裁定。

（三）最高人民法院关于审理民事级别管辖异议案件若干问题的规定（2020年修正）

发文机关：最高人民法院

发文日期：2020年12月29日

施行日期：2021年1月1日

为正确审理民事级别管辖异议案件，依法维护诉讼秩序和当事人的合法权益，根据《中华人民共和国民事诉讼法》的规定，结合审判实践，制定本规定。

第一条 被告在提交答辩状期间提出管辖权异议，认为受诉人民法院违反级别管辖规定，案件应当由上级人民法院或者下级人民法院管辖的，受诉人民法院应当审查，并在受理异议之日起十五日内作出裁定：

（一）异议不成立的，裁定驳回；

（二）异议成立的，裁定移送有管辖权的人民法院。

第二条 在管辖权异议裁定作出前，原告申请撤回起诉，受诉人民法院作出准予撤回起诉裁定的，对管辖权异议不再审查，并在裁定书中一并写明。

第三条 提交答辩状期间届满后，原告增加诉讼请求金额致使案件标的额超过受诉人民法院级别管辖标准，被告提出管辖权异议，请求由上级人民法院管辖的，人民法院应当按照本规定第一条审查并作出裁定。

第四条 对于应由上级人民法院管辖的第一审民事案件，下级人民法院不得报请上级人民法院交其审理。

第五条 被告以受诉人民法院同时违反级别管辖和地域管辖规定为由提出管辖权异议的，受诉人民法院应当一并作出裁定。

第六条 当事人未依法提出管辖权异议，但受诉人民法院发现其没有级别管辖权的，应当将案件移送有管辖权的人民法院审理。

第七条 对人民法院就级别管辖异议作出的裁定，当事人不服提起上诉的，第二审人民法院应当依法审理并作出裁定。

第八条 对于将案件移送上级人民法院管辖的裁定，当事人未提出上诉，但受移送的上级人民法院认为确有错误的，可以依职权裁定撤销。

第九条 经最高人民法院批准的第一审民事案件级别管辖标准的规定，应当作为审理民事级别管辖异议案件的依据。

第十条 本规定施行前颁布的有关司法解释与本规定不一致的，以本规定为准。

二、特别规定篇

（一）浙江省高级人民法院民事审判第三庭关于审理网络著作权侵权纠纷案件的若干解答意见

发文机关：浙江省高级人民法院
文　　号：浙法民三〔2009〕6 号
发文日期：2009 年 10 月 20 日
施行日期：2009 年 10 月 20 日

3. 对虚列被告如何处理

原告虽将网络接入服务提供者或提供链接、搜索服务的网络服务提供者列为共同被告，但对上述能确定管辖联结点的共同被告没有明确诉讼请求，且其他被告以此为由提出管辖权异议的，经审查属实的，受诉法院应裁定将案件移送有管辖权的法院审理。

4. 对"先诉后撤"如何处理

原告在起诉时，故意将无利害关系的当事人列为共同被告制造管辖联结点，但在法院受理甚至庭审后，又撤回对该当事人的起诉并导致确定管辖的联结点消失，无论其他被告是否提出管辖权异议，受诉法院均应依职权裁定将案件移送有管辖权的法院审理。

（二）最高人民法院关于审理因垄断行为引发的民事纠纷案件应用法律若干问题的规定（2020 年修正）

发文机关：最高人民法院
文　　号：法释〔2020〕19 号
发文日期：2020 年 12 月 29 日
施行日期：2021 年 1 月 1 日

第五条　民事纠纷案件立案时的案由并非垄断纠纷，被告以原告实施了垄断行为为由提出抗辩或者反诉且有证据支持，或者案件需要依据反垄断法作出裁判，但受诉人民法院没有垄断民事纠纷案件管辖权的，应当将案件移送有管辖权的人民法院。

第六条　两个或者两个以上原告因同一垄断行为向有管辖权的同一法院分别提起诉讼的，人民法院可以合并审理。

两个或者两个以上原告因同一垄断行为向有管辖权的不同法院分别提起诉讼的，后立案的法院在得知有关法院先立案的情况后，应当在七日内裁定将案件移送先立案的法院；受移送的法院可以合并审理。被告应当在答辩阶段主动向受诉人民法院提供其因同一行为在其他法院涉诉的相关信息。

第二编

知识产权典型案例裁判要旨及解析

第一章 信息网络侵权管辖裁判要旨及解析

管辖依据

《中华人民共和国民事诉讼法》(2021 年修正):

第二十九条 因侵权行为提起的诉讼,由侵权行为地或者被告住所地人民法院管辖。

《最高人民法院关于适用〈中华人民共和国民事诉讼法〉的解释》(2022 年修正):

第二十四条 民事诉讼法第二十九条规定的侵权行为地,包括侵权行为实施地、侵权结果发生地。

第二十五条 信息网络侵权行为实施地包括实施被诉侵权行为的计算机等信息设备所在地,侵权结果发生地包括被侵权人住所地。

《最高人民法院关于审理侵害信息网络传播权民事纠纷案件适用法律若干问题的规定》(2020 年修正):

第十五条 侵害信息网络传播权民事纠纷案件由侵权行为地或者被告住所地人民法院管辖。侵权行为地包括实施被诉侵权行为的网络服务器、计算机终端等设备所在地。侵权行为地和被告住所地均难以确定或者在境外的,原告发现侵权内容的计算机终端等设备所在地可以视为侵权行为地。

案件索引

1. 张旭龙与北京墨碟文化传播有限公司等侵害作品信息网络传播权纠纷①[最高人民法院(2022)最高法民辖 42 号]

---

① 本书案例均来源于中国裁判文书网,后文不再标注。本案例为最高人民法院最新管辖案例,且已替代 2021 年版 1 号案例[河北省高级人民法院(2018)冀民终 1035 号]。

2. 杭州米欧仪器有限公司与宁波拓普森科学仪器有限公司侵害实用新型专利权纠纷[最高人民法院（2019）最高法知民辖终 13 号]

3. 北京万象博众系统集成有限公司侵害外观设计专利权纠纷[最高人民法院（2016）最高法民申 731 号]

裁判要旨

1. "信息网络侵权行为"针对的是发生在信息网络环境下，通过信息网络实施的侵权行为，并未限于特定类型的民事权利或者权益。而侵害信息网络传播权纠纷作为特定类型的民事权利，其管辖应适用《最高人民法院关于审理侵害信息网络传播权民事纠纷案件适用法律若干问题的规定》（以下简称《信息网络传播权规定》）第十五条"侵害信息网络传播权民事纠纷案件由侵权行为地或者被告住所地人民法院管辖。侵权行为地包括实施被诉侵权行为的网络服务器、计算机终端等设备所在地。侵权行为地和被告住所地均难以确定或者在境外的，原告发现侵权内容的计算机终端等设备所在地可以视为侵权行为地"的特别规定，且不应适用《最高人民法院关于适用〈中华人民共和国民事诉讼法〉的解释》（以下简称《民事诉讼法解释》）第二十五条"信息网络侵权行为实施地包括实施被诉侵权行为的计算机等信息设备所在地，侵权结果发生地包括被侵权人住所地"的规定。

2. 关于信息网络侵权的理解。信息网络侵权行为具有特定含义，指的是侵权人利用互联网发布直接侵害他人合法权益的信息的行为，主要针对的是通过信息网络侵害他人人身权益以及侵害他人信息网络传播权等行为，即被诉侵权行为的实施、损害结果的发生等均在信息网络上。对信息网络侵权行为的认定，不可单凭侵权行为的实施及损害结果的发生与网络有关即认定侵权行为地，且对《民事诉讼法解释》第二十五条的理解不可过于宽泛，要客观区分网络是否属于侵权行为实施地或侵权结果发生地，抑或仅仅承担交易过程中的媒介作用。

3. 关于侵权结果发生地的理解。侵权结果发生地是侵权行为地的一种情形，应当根据权利人所指控的侵权人和具体侵权行为来确定。首先，通过网络形式达成交易，并通过邮寄方式交付侵权产品，因侵权结果在侵权人的销售行为付诸实施时已实际产生，侵权产品的收货地对侵权行为的实施没有实质影响，不能被认定为侵权结果发生地。其次，侵权结果发生地应当理解为侵权行为直接产生的结果发生地，不能以权利人认为受到损害就认为其所在地就是侵权结果发生地。

裁定书摘要

1. 张旭龙与北京墨碟文化传播有限公司等侵害作品信息网络传播权纠纷二审民事裁定书

审理法院：最高人民法院

案　　　号：（2022）最高法民辖42号

案　　　由：侵害作品信息网络传播权纠纷

【基本案情】

原告：张旭龙，住所地：河北省秦皇岛市海港区

被告：北京墨碟文化传播有限公司，住所地：北京市石景山区

被告：程雷，住所地：北京市石景山区

被告：马跃，住所地：北京市昌平区

原告张旭龙向秦皇岛市中级人民法院（简称"秦皇岛中院"）提起诉讼，诉称三被告擅自在相关网站上发布、使用其享有著作权的写真艺术作品，构成著作权侵权，要求三被告停止侵权行为，连带赔偿经济损失50万元以及合理开支，并公开赔礼道歉、消除影响。

被告马跃提出管辖权异议，认为本案属于侵害作品信息网络传播权纠纷，秦皇岛中院对本案不具有管辖权，请求将本案移送北京互联网法院审理。

秦皇岛中院裁定驳回马跃对管辖权提出的异议。

被告马跃不服，向河北省高级人民法院（简称"河北高院"）提起上诉。

河北高院认为，本案涉及侵害信息网络传播权的侵权行为，应当适用《信息网络传播权规定》第十五条的规定。秦皇岛中院将被侵权人住所地作为侵权结果发生地，属管辖错误。北京互联网法院作为侵权行为地和被告住所地人民法院，对本案具有管辖权。裁定撤销秦皇岛中院一审裁定，将本案移送北京互联网法院审理。

北京互联网法院认为，秦皇岛中院作为原告住所地人民法院，对本案具有管辖权，故将本案报请北京市高级人民法院（简称"北京高院"），请求北京高院指定管辖。

北京高院认为，本案属于因信息网络侵权行为引发的纠纷，《民事诉讼法》第二十九条规定："因侵权行为提起的诉讼，由侵权行为地或者被告住所地人民法院管辖。"《民事诉讼法解释》第二十四条规定："侵权行为地包括侵权行为实施地、侵权结果发生地。"第二十五条规定："信息网络侵权行为实施地包括实施被诉侵权行

为的计算机等信息设备所在地，侵权结果发生地包括被侵权人住所地。"原告张旭龙作为被侵权人，其住所地在河北省秦皇岛市海港区。秦皇岛中院作为侵权结果发生地人民法院，对本案具有管辖权。故报请最高人民法院指定管辖。

最高人民法院认为，秦皇岛市为原告住所地，并非被告住所地，亦不属于《信息网络传播权规定》第十五条规定的侵权行为地，不存在《信息网络传播权规定》第十五条规定的"侵权行为地和被告住所地均难以确定或者在境外"的例外情形。秦皇岛中院对于本案没有管辖权，河北高院将本案移送北京互联网法院并无不当，并裁定将本案由北京互联网法院审理。

【裁判理由】

对于侵害信息网络传播权纠纷民事案件的管辖问题。

《信息网络传播权规定》第十五条是针对信息网络传播权这一特定类型的民事权利，对侵害信息网络传播权纠纷民事案件的管辖作出的特别规定。因此，在确定侵害信息网络传播权民事纠纷案件的管辖时，应当以《信息网络传播权规定》第十五条为依据，而不宜适用《民事诉讼法解释》第二十五条的规定。

基于信息网络传播权的性质和特点，侵害信息网络传播权的行为一旦发生，随之导致"公众可以在其个人选定的时间和地点获得作品"。侵权结果涉及的地域范围具有随机性、广泛性，不是一个固定的地点，不宜作为确定管辖的依据。

2. 杭州米欧仪器有限公司与宁波拓普森科学仪器有限公司侵害实用新型专利权纠纷二审民事裁定书

审理法院：最高人民法院

案　　号：一审（2018）浙 02 民初 2308 号

　　　　　二审（2019）最高法知民辖终 13 号

案　　由：侵害实用新型专利权纠纷

【基本案情】

上诉人（原审被告）：杭州米欧仪器有限公司（简称"米欧公司"），住所地：浙江省杭州市

被上诉人（原审原告）：宁波拓普森科学仪器有限公司（简称"拓普森公司"），住所地：浙江省宁波市

拓普森公司向宁波市中级人民法院（简称"宁波中院"）提起侵害实用新型专利权纠纷诉讼，诉称米欧公司未经许可制造、销售、许诺销售被诉侵权产品，构成专利侵权，并要求停止侵权、销毁侵权产品及赔偿经济损失 60 万元等。

米欧公司提出管辖权异议,认为本案侵权行为地和被告住所地均在浙江省杭州市,请求移送至杭州市中级人民法院(简称"杭州中院")审理。

宁波中院作出裁定,认为拓普森公司提供的公证书等证据能初步证明米欧公司通过信息网络实施了销售被诉侵权产品的行为。涉案交易的重要载体媒介系信息网络,且米欧公司的销售行为发生于信息网络环境中,被诉侵权行为属于信息网络侵权行为,被侵权人住所地的法院对本案享有管辖权。故驳回米欧公司提出的管辖异议。

米欧公司不服,向浙江省高级人民法院(简称"浙江高院")提起上诉。

浙江高院作出裁定,认为宁波市既不是被诉侵权行为地,也不是被告住所地,宁波中院对本案没有管辖权。本案侵权行为地、被告住所地均在杭州市,属于杭州中院管辖范围。故撤销一审裁定,移送杭州中院管辖。

【裁判理由】

本案被诉侵权行为不属于《民事诉讼法解释》第二十五条规定的信息网络侵权行为:

信息网络侵权行为具有特定含义,指的是侵权人利用互联网发布直接侵害他人合法权益的信息的行为,主要针对的是通过信息网络侵害他人人身权益以及侵害他人信息网络传播权等行为,即被诉侵权行为的实施、损害结果的发生等均在信息网络上,并非侵权行为的实施、损害结果的发生与网络有关即可认定属于信息网络侵权行为。

本案被诉侵权行为包括米欧公司制造、销售、许诺销售被诉侵权产品的行为,但米欧公司仅通过互联网不能实施被诉侵害专利权的行为。虽双方交易通过网站和微信媒介实现,但在网络普及化程度很高的当代社会,如果案件事实中出现网站平台或者双方通过微信等涉网络相关的方式沟通,抑或双方系通过信息网络平台进行被诉侵权产品的交易,即认定为构成信息网络侵权行为,属于对《民事诉讼法解释》第二十五条规制的范围理解过于宽泛,不符合立法的本意。

关于本案应当如何确定管辖法院:

本案根据《最高人民法院关于审理专利纠纷案件适用法律问题的若干规定》第五条的规定确定管辖,即因侵犯专利权行为提起的诉讼,由侵权行为地或者被告住所地人民法院管辖。侵权行为地包括被诉侵犯实用新型专利权的产品的制造、许诺销售、销售等行为的实施地,以及上述侵权行为的侵权结果发生地。

3. 北京万象博众系统集成有限公司侵害外观设计专利权纠纷申请再审民事裁定书

审理法院:最高人民法院

案　　　号：二审（2016）京民终 47 号

　　　　　　再审（2016）最高法民申 731 号

案　　　由：侵害外观设计专利权纠纷

【基本案情】

再审申请人（一审原告、二审上诉人）：北京万象博众系统集成有限公司（简称"万象博众公司"），住所地：北京市海淀区

万象博众公司向北京知识产权法院（简称"北知院"）提起侵害外观设计专利权纠纷诉讼，诉称廊坊市德泰开关设备有限公司（简称"德泰公司"）未经许可生产被诉侵权产品，并通过淘宝网店铺销售、许诺销售，构成专利侵权，并要求停止侵权、赔偿经济损失等。

北知院作出裁定，认为在涉网络销售的专利侵权纠纷案件中，不宜将信息网络侵权行为进行扩大解释，不能将被侵权人住所地视为侵权结果发生地，进而以其住所地作为管辖连接点，最终裁定不予受理。

万象博众公司不服，向北京市高级人民法院（简称"北京高院"）提起上诉。

北京高院作出裁定，认为本案系侵害外观设计专利权纠纷，相关被诉侵权行为并非信息网络侵权行为，一审法院对本案没有管辖权，并驳回上诉，维持原裁定。

万象博众公司不服，向最高人民法院申请再审。

最高人民法院裁定认为，因侵权行为提起的诉讼，由侵权行为地或者被告住所地人民法院管辖，侵权行为地包括侵权行为实施地和侵权结果发生地。德泰公司的住所地为河北省廊坊市，淘宝公司的住所地为浙江省杭州市，均非一审法院的管辖范围，驳回万象博众公司的再审申请。

【裁判理由】

侵害外观设计专利权纠纷，应适用《民事诉讼法》第二十八条及《民事诉讼法解释》第二十四条之规定确定管辖，即因侵权行为提起的诉讼，由侵权行为地或者被告住所地人民法院管辖。其中，侵权行为地包括侵权行为实施地和侵权结果发生地。

第二章　网购收货地管辖裁判要旨及解析

管辖依据

《中华人民共和国民事诉讼法》(2021 年修正)：

第二十九条　因侵权行为提起的诉讼，由侵权行为地或者被告住所地人民法院管辖。

《最高人民法院关于适用〈中华人民共和国民事诉讼法〉的解释》(2020 年修正)：

第二十四条　民事诉讼法第二十八条规定的侵权行为地，包括侵权行为实施地、侵权结果发生地。

案件索引

1. 相虎生与东莞市征服者户外用品有限公司、天猫网络有限公司侵害发明专利权纠纷[天津市第二中级人民法院(2018)津 02 民初 812 号]

2. 广东马内尔服饰有限公司、周乐伦与新百伦贸易(中国)有限公司等不正当竞争纠纷[最高人民法院(2016)最高法民辖终 107 号]

3. 中山市富鸿齐电子有限公司与泰州市创新电子有限公司侵害实用新型专利权纠纷[最高人民法院(2019)最高法知民辖终 66 号]

裁判要旨

1. 网购收货地并非销售行为实施地。销售行为实施地，原则上包括不以购买者意志为转移的销售商主要经营地以及被诉侵权产品储藏地、发货地或者查封扣押地等，也不包括网络购买方可以随意选择的网购物收货地。通过网络购买侵权产品预留的收货地址具有不确定性，如果该网购收货地可以作为管辖连接点的，则赋予权利人任意设置管辖法院的权利，明显违背程序公正，亦不符合诉讼两便的原则。

2. 对于侵权产品的网购收货地，不能将其视为侵权结果发生地。侵权结果发生地应当理解为侵权行为直接产生的结果的发生地，不能以权利人受到损害就认为其所在地就是侵权结果发生地。侵权产品的网络销售行为付诸实施时侵权结果已经发生，侵权产品的网购收货地对侵权行为的实施没有实质影响，不能将其视为侵权结果发生地。

裁定书摘要

1. 相虎生与东莞市征服者户外用品有限公司、浙江天猫网络有限公司侵害发明专利权纠纷一审民事裁定书

审理法院：天津市第二中级人民法院

案　　　号：（2018）津02民初812号

案　　　由：侵害发明专利权纠纷

【基本案情】

原告：相虎生，住所地：天津市

被告：东莞市征服者户外用品有限公司（简称"征服者公司"），住所地：广东省东莞市

被告：浙江天猫网络有限公司（简称"天猫公司"），住所地：浙江省杭州市

相虎生向天津市第二中级人民法院（简称"天津二中院"）提起侵害发明专利权纠纷诉讼，诉称征服者公司未经许可，生产被诉侵权产品，并通过天猫公司"天猫"平台销售，构成专利侵权，并要求停止侵权及赔偿经济损失等。

征服者公司、天猫公司均提出管辖权异议，认为天津市作为网络购物收货地，并非侵权行为实施地，请求将本案移送至杭州市中级人民法院审理。

天津二中院作出裁定认为，网络购买方可以随意选择的网络购物收货地通常不能视为网络销售行为地，天津市仅仅是公证购买被诉侵权产品的收货地，不能以此作为侵权行为地，故将本案移送至天猫公司所在地法院杭州市中级人民法院审理。

【裁判理由】

本案系侵害发明专利权纠纷，适用规定包括《民事诉讼法》第二十八条规定："因侵权行为提起的诉讼，由侵权行为地或者被告住所地人民法院管辖。"以及《最高人民法院关于审理专利纠纷案件适用法律问题的若干规定》第五条规定："因侵犯专利权行为提起的诉讼，由侵权行为地或者被告住所地人民法院管辖。侵权行为地包括：被诉侵犯发明、实用新型专利权的产品的制造、使用、许诺销售、销售、

进口等行为的实施地；专利方法使用行为的实施地，依照该专利方法直接获得的产品的使用、许诺销售、销售、进口等行为的实施地；外观设计专利产品的制造、许诺销售、销售、进口等行为的实施地；假冒他人专利的行为实施地。上述侵权行为的侵权结果发生地。"

在网络环境下，销售行为地原则上包括不以网络购买者的意志为转移的网络销售商主要经营地、被诉侵权产品储藏地、发货地或者查封扣押地等，网络购买方可以随意选择的网络购物收货地通常不视为网络销售行为地。

2. 广东马内尔服饰有限公司、周乐伦与新百伦贸易（中国）有限公司等不正当竞争纠纷二审民事裁定书

审理法院：最高人民法院
案　　号：一审（2015）苏知民初字第 00001 号
　　　　　二审（2016）最高法民辖终 107 号
案　　由：不正当竞争纠纷

【基本案情】

上诉人（一审被告）：广东马内尔服饰有限公司（简称"马内尔"），住所地：广州市天河区

上诉人（一审被告）：周乐伦，住所地：广州市天河区

被上诉人（一审原告）：新百伦贸易（中国）有限公司（简称"新百伦公司"），住所地：上海市长宁区

原审被告：南京东方商城有限责任公司（简称"东方商城公司"），住所地：南京市秦淮区

新百伦公司向江苏省高级人民法院（简称"江苏高院"）提起不正当竞争诉讼，诉称周乐伦授权马内尔公司通过微信公众号销售被诉侵权产品，网购被诉侵权产品在南京收货，且在东方商城公司销售被诉侵权产品，主张构成不正当竞争，要求停止侵权及经济赔偿等。

马内尔公司、周乐伦提出管辖权异议，主要理由为东方商城公司仅提供场地，无直接销售被诉侵权产品。南京虽然是网络交易收货地，但不宜认定是侵权结果发生地。请求将本案移送至住所地法院广州市天河区人民法院审理。

江苏高院作出裁定，认为东方商城公司实施了被诉共同侵权行为，南京地区是马内尔公司通过网络销售被诉侵权产品的被诉侵权行为，即南京地区既是东方商城公司的住所地，也是被诉侵权行为地，依法享有管辖权，驳回马内尔公司、周乐伦提出的管辖权异议申请。

马内尔公司、周乐伦不服，向最高人民法院提起上诉。

最高人民法院作出裁定，认为合同案件与侵犯知识产权及不正当竞争案件存在较大的不同，侵犯知识产权案件和不正当竞争案件中对侵权行为地的确定有专门的规定。涉及通过网络购物方式购买被诉侵权产品，不应以网络交易收货地作为侵权结果发生地确定地域管辖。同时，马内尔公司通过微信公众号销售被诉侵权产品的行为和东方商城在商场销售被诉侵权产品的行为，既不相同，也不具有关联性，属于普通的共同诉讼。因马内尔公司亦明确表示不同意在一案中进行合并审理，故本案应分案审理，即南京地区法院对南京东方商城的被诉侵权行为享有管辖权，马内尔公司或者周乐伦所在地法院对周乐伦和马内尔公司的被诉侵权行为享有管辖权。

【裁判理由】

在侵犯知识产权和不正当竞争案件中，不能以通过网络购物取得被诉侵权产品即认为网络购物收货地作为侵权结果发生地。

侵犯知识产权案件和不正当竞争案件均属于侵权类案件。由于合同案件与侵犯知识产权及不正当竞争案件存在较大的不同，如果原告通过网络购物方式购买被诉侵权产品，不宜适用《民事诉讼法司法解释》第二十条的规定"以信息网络方式订立的买卖合同，通过信息网络交付标的的，以买受人住所地为合同履行地；通过其他方式交付标的的，收货地为合同履行地。合同对履行地有约定的，从其约定"来确定案件的地域管辖。

3. 中山市富鸿齐电子有限公司与泰州市创新电子有限公司侵害实用新型专利权纠纷二审民事裁定书

审理法院：最高人民法院
案　　　号：一审（2019）苏 01 民初 497 号
　　　　　　二审（2019）最高法知民辖终 66 号
案　　　由：侵害实用新型专利权纠纷

【基本案情】

上诉人（原审被告）：中山市富鸿齐电子有限公司（简称"富鸿齐公司"），住所地：广东省中山市

被上诉人（原审原告）：泰州市创新电子有限公司（简称"创新公司"），住所地：江苏省泰州市

创新公司向南京市中级人民法院（简称"南京中院"）提起侵害实用新型专利权纠纷诉讼，诉称富鸿齐公司未经许可，生产被诉侵权产品，且通过京东平台销售，

要求停止侵权及赔偿经济损失等。

富鸿齐公司提出管辖权异议，主要理由为创新公司通过京东平台购买了被诉侵权产品，并在泰州市进行收货。网购收货地既非被诉侵权行为实施地，亦非侵权结果发生地，不能作为专利侵权案件的管辖依据。故请求将本案移送至住所地管辖法院广州知识产权法院审理。

南京中院作出裁定，认为创新公司通过网络购买的被诉侵权产品的交付地为江苏省泰州市，江苏省泰州市系被诉侵权产品的销售地，即被控侵权结果的发生地，驳回富鸿齐公司提出的管辖权异议申请。

富鸿齐公司不服，向最高人民法院提起上诉。

最高人民法院作出裁定，认为网络购物收货地并非被诉侵权产品的销售行为实施地或侵权结果发生地，并撤销一审裁定，将本案移送至广州知识产权法院审理。

【裁判理由】

网络购物收货地并非被诉侵权产品的销售行为实施地或侵权结果发生地。

销售行为实施地，原则上包括不以购买者意志为转移的销售商主要经营地以及被诉侵权产品储藏地、发货地或者查封扣押地等，购买者可以自行选择确定的网络购物收货地则不应被认定为销售行为实施地。

侵权结果发生地应当理解为侵权行为直接产生的结果的发生地，不能以权利人认为受到损害就认为其所在地就是侵权结果发生地。被诉侵权产品的网络销售行为付诸实施时就已经实际产生被诉侵权结果，被诉侵权产品的网络购物收货地对侵权行为的实施没有实质影响，网络购物收货地不能被认定为侵权结果发生地。

第三章　侵权行为地管辖裁判要旨及解析

管辖依据

《中华人民共和国民事诉讼法》(2021 年修正)：

第二十九条　因侵权行为提起的诉讼，由侵权行为地或者被告住所地人民法院管辖。

《最高人民法院关于适用〈中华人民共和国民事诉讼法〉的解释》(2020 年修正)：

第二十四条　民事诉讼法第二十八条规定的侵权行为地，包括侵权行为实施地、侵权结果发生地。

《最高人民法院关于审理商标民事纠纷案件适用法律若干问题的解释》(2020 年修正)：

第六条　因侵犯注册商标专用权行为提起的民事诉讼，由商标法第十三条、第五十七条所规定侵权行为的实施地、侵权商品的储藏地或者查封扣押地、被告住所地人民法院管辖。

前款规定的侵权商品的储藏地，是指大量或者经常性储存、隐匿侵权商品所在地；查封扣押地，是指海关等行政机关依法查封、扣押侵权商品所在地。

《最高人民法院关于审理著作权民事纠纷案件适用法律若干问题的解释》(2020 年修正)：

第四条　因侵害著作权行为提起的民事诉讼，由著作权法第四十七条、第四十八条所规定侵权行为的实施地、侵权复制品储藏地或者查封扣押地、被告住所地人民法院管辖。

前款规定的侵权复制品储藏地，是指大量或者经常性储存、隐匿侵权复制品所在地；查封扣押地，是指海关、版权等行政机关依法查封、扣押侵权复制品所在地。

《最高人民法院关于审理专利纠纷案件适用法律问题的若干规定》(2020 年修正)：

第二条　因侵犯专利权行为提起的诉讼，由侵权行为地或者被告住所地人民法院管辖。

侵权行为地包括：被诉侵犯发明、实用新型专利权的产品的制造、使用、许诺销售、销售、进口等行为的实施地；专利方法使用行为的实施地，依照该专利方法直接获得的产品的使用、许诺销售、销售、进口等行为的实施地；外观设计专利产品的制造、许诺销售、销售、进口等行为的实施地；假冒他人专利的行为实施地。上述侵权行为的侵权结果发生地。

案件索引

1. 汉密尔顿毕克布兰德斯有限公司与浙江钱龙工贸有限公司、永康市晟嵘工贸有限公司侵害外观设计专利权纠纷［浙江省高级人民法院（2015）浙辖终字第 181 号］

2. 郑州润达电力清洗有限公司、陈庭荣、吴祥林与湖北洁达环境工程有限公司侵害商业秘密纠纷［最高人民法院（2013）民提字第 16 号］

3. 四维实业（深圳）有限公司、四维企业股份有限公司与艾利丹尼森公司、艾利（广州）有限公司等侵犯商业秘密纠纷［最高人民法院（2007）民三终字第 10 号民事裁定书］

裁判要旨

1. 侵权行为地，包括侵权行为实施地、侵权结果发生地。

2. 侵权结果发生地应当理解为侵权行为直接产生的结果的发生地，不能简单地以原告受到损害就认定原告住所地是侵权结果发生地。

3. 侵害商业秘密纠纷案件中，销售侵犯商业秘密所制造的侵权产品不构成侵犯商业秘密的行为。使用商业秘密的过程是制造侵权产品的过程，当侵权产品制造完成时，使用商业秘密的侵权结果即同时发生，所以该销售行为不构成侵犯商业秘密的行为。即便使用商业秘密的行为实施地和结果发生地是重合的，也不宜将侵权产品的销售地视为使用商业秘密的侵权结果发生地。

裁定书摘要

1. 汉密尔顿毕克布兰德斯有限公司与浙江钱龙工贸有限公司、永康市晟嵘工贸有限公司侵害外观设计专利权纠纷二审民事裁定书

审理法院：浙江省高级人民法院
案　　号：（2015）浙辖终字第 181 号
案　　由：侵害外观设计专利权纠纷

【基本案情】

上诉人(原审被告):浙江钱龙工贸有限公司(简称"钱龙公司"),住所地:浙江省永康市

被上诉人(原审原告):汉密尔顿毕克布兰德斯有限公司(简称"布兰德斯公司"),住所地:美国

原审被告:永康市晟嵘工贸有限公司(简称"晟嵘公司")

布兰德斯公司向宁波市中级人民法院(简称"宁波中院")提起侵害外观设计专利权纠纷诉讼,诉称晟嵘公司、钱龙公司未经许可,制造、销售、许诺销售被诉侵权产品,且部分被诉侵权产品申报出口时被宁波海关查封、扣押,并要求停止侵权及赔偿经济损失等。

钱龙公司、晟嵘公司提出管辖权异议,主要理由为钱龙公司、晟嵘公司住所地浙江省永康市,被诉侵权产品的制造、销售、许诺销售的实施地均在浙江省永康市,且在宁波市并未实施销售行为,故宁波市并非被诉侵权产品的销售地,请求移送至其住所地法院浙江省金华市中级人民法院审理。

宁波中院作出裁定,认为侵权行为地包括外观设计专利产品的制造、许诺销售、销售、进口等行为的实施地。本案部分被诉侵权产品系在宁波海关申报出口,接受宁波海关的监管、查验,并曾被宁波海关扣留,故宁波市为被诉侵权产品的销售地之一,属于侵权行为地,并驳回钱龙公司、晟嵘公司提出管辖权异议申请。

钱龙公司不服,向浙江省高级人民法院(简称"浙江高院")提起上诉。

浙江高院裁定认为,被诉侵权产品系经宁波海关申报出口,宁波市作为被诉侵权产品的报关出口地,可视为涉案销售行为的实施地,原审法院对本案享有管辖权,并维持原审裁定。

【裁判理由】

本案系侵害外观设计专利权纠纷案件。依照《最高人民法院关于审理专利纠纷案件适用法律问题的若干规定》第五条之规定,被诉侵权产品的制造、销售、许诺销售、进口等行为的实施地及相应侵权行为的侵权结果发生地人民法院对本案享有管辖权。

被诉侵权产品的报关出口地,可视为涉案销售行为的实施地。

2. 郑州润达电力清洗有限公司、陈庭荣、吴祥林与湖北洁达环境工程有限公司侵害商业秘密纠纷再审民事裁定书

审理法院:最高人民法院

案　　　号：（2013）民提字第 16 号
案　　　由：侵害商业秘密纠纷

【基本案情】

再审申请人（一审被告、二审上诉人）：郑州润达电力清洗有限公司（简称"润达公司"），住所地：河南省郑州市

再审申请人（一审被告、二审上诉人）：陈庭荣，润达公司的总经理

被申请人（一审原告、二审被上诉人）：湖北洁达环境工程有限公司（简称"洁达公司"），住所地：湖北省荆州市

一审被告、二审上诉人：吴祥林

洁达公司向湖北省荆州市中级人民法院（简称"荆州中院"）提起侵害商业秘密纠纷诉讼，诉称润达公司、陈庭荣、吴祥林侵害商业秘密，诉求停止侵权及要求经济赔偿等。

润达公司、陈庭荣、吴祥林提起管辖权异议，主要理由认为本案应由被告住所地人民法院管辖。

荆州中院作出裁定，认为本案洁达公司以润达公司、陈庭荣、吴祥林侵害其商业秘密为由提起的诉讼，三被告的住所地及侵权行为地法院均有管辖权。洁达公司有权选择向侵权行为地法院提起诉讼，裁定驳回润达公司、陈庭荣、吴祥林的管辖权异议。

润达公司、陈庭荣、吴祥林不服，向湖北省高级人民法院（简称"湖北高院"）提起上诉。

湖北高院作出裁定，认为陈庭荣、吴祥林曾经是洁达公司的员工，涉嫌在洁达公司工作期间掌握涉案商业秘密，其侵害商业秘密的行为发生在洁达公司住所地湖北省荆州市，荆州中院作为侵权行为地法院对本案享有管辖权，并驳回上诉，维持原裁定。

润达公司、陈庭荣向最高人民法院申请再审。

最高人民法院提审认为，荆州市并非是侵权行为实施地，也非侵权结果发生地，更非被告住所地，荆州中院对本案没有管辖权。又因襄阳电厂是被诉使用该商业秘密的行为地之一，最终撤销一、二审民事裁定，并移送至襄阳市中级人民法院审理。

【裁判理由】

侵害商业秘密纠纷，其侵权行为实施地应是涉案商业秘密的使用行为地。

侵权结果地应当理解为侵权行为直接产生的结果发生地，不能以权利人认为受到损害就认为原告所在地就是侵权结果发生地。

3. 四维实业（深圳）有限公司、四维企业股份有限公司与艾利丹尼森公司、艾利（广州）有限公司等侵害商业秘密纠纷二审民事裁定书

审理法院：最高人民法院

案　　号：（2007）民三终字第 10 号

案　　由：侵害商业秘密纠纷

【基本案情】

上诉人（原审被告）：艾利丹尼森公司，住所地：美国加利福尼亚州帕萨迪纳市

上诉人（原审被告）：艾利（广州）有限公司（简称"艾利广州公司"），住所地：广东省广州市

上诉人（原审被告）：艾利（昆山）有限公司（简称"艾利昆山公司"），住所地：江苏省昆山开发区

上诉人（原审被告）：艾利（中国）有限公司（简称"艾利中国公司"），住所地：江苏省昆山开发区

被上诉人（原审原告）：四维企业股份有限公司（简称"四维公司"），住所地：台湾地区

被上诉人（原审原告）：四维实业（深圳）有限公司（简称"四维深圳公司"），住所地：广东省深圳市

原审被告：南海市里水意利印刷厂（简称"里水印刷厂"），住所地：广东省佛山市

原审被告：佛山市环市镇东升汾江印刷厂经营部（简称"汾江印刷厂"），住所地：广东省佛山市

四维公司、四维深圳公司向广东省高级人民法院（简称"广东高院"）提起侵害商业秘密纠纷诉讼，诉称艾利丹尼森公司、艾利广州公司、艾利昆山公司、艾利中国公司、里水印刷厂、汾江印刷厂侵犯其商业秘密，要求停止侵权及经济赔偿等。

艾利丹尼森公司、艾利广州公司、艾利昆山公司、艾利中国公司共同提出管辖权异议。主要理由有：1. 本案移送至江苏省高级人民法院审理可以有效阻止四维公司等恶意诉讼；2. 因广东省佛山市中级人民法院对本案无管辖权，且广东高院立案时间晚于江苏省高级人民法院对关联案件的立案时间，本案应当移送给江苏省高级人民法院审理。

广东高院作出裁定，认为被告艾利广州公司的住所地在广东省广州市，被告里

水印刷厂、汾江印刷厂的住所地在广东省佛山市，佛山市中级人民法院依法受理本案，符合法律规定。又因本案争议标的大，根据级别管辖规定，佛山市中级人民法院(简称"佛山中院")将本案移送至广东高院审理。故驳回艾利丹尼森公司、艾利广州公司、艾利昆山公司、艾利中国公司提出管辖权异议。

艾利丹尼森公司、艾利广州公司、艾利昆山公司、艾利中国公司不服，向最高人民法院提起上诉。

最高人民法院作出裁定，认为里水印刷厂、汾江印刷厂被控销售侵犯商业秘密所制造的侵权产品的行为不是反不正当竞争法规定的侵犯商业秘密的行为，佛山中院不能因里水印刷厂、汾江印刷厂被控销售侵犯商业秘密所制造的侵权产品而具有本案的管辖权。广东高院虽享有管辖权，但因本案与江苏省高级人民法院在先受理的案件是当事人基于同一法律事实而发生的纠纷，裁定将本案移至江苏省高级人民法院合并审理。

【裁判理由】

在侵犯商业秘密纠纷中，销售侵犯商业秘密所制造的侵权产品并不属于反不正当竞争法所列明的侵犯商业秘密的行为。

一般而言，使用商业秘密的行为实施地和结果发生地是重合的。亦即，使用商业秘密的过程通常是制造侵权产品的过程。当侵权产品制造完成时，使用商业秘密的侵权结果即同时发生，不宜将该侵权产品的销售地视为使用商业秘密的侵权结果发生地。

第四章　侵权商品储藏地、扣押地
管辖裁判要旨及解析

管辖依据

《中华人民共和国民事诉讼法》(2021年修正):

第二十九条　因侵权行为提起的诉讼,由侵权行为地或者被告住所地人民法院管辖。

《最高人民法院关于审理商标民事纠纷案件适用法律若干问题的解释》(2020年修正):

第六条　因侵犯注册商标专用权行为提起的民事诉讼,由商标法第十三条、第五十七条所规定侵权行为的实施地、侵权商品的储藏地或者查封扣押地、被告住所地人民法院管辖。

前款规定的侵权商品的储藏地,是指大量或者经常性储存、隐匿侵权商品所在地;查封扣押地,是指海关等行政机关依法查封、扣押侵权商品所在地。

《最高人民法院关于审理著作权民事纠纷案件适用法律若干问题的解释》(2020年修正):

第四条　因侵害著作权行为提起的民事诉讼,由著作权法第四十七条、第四十八条所规定侵权行为的实施地、侵权复制品储藏地或者查封扣押地、被告住所地人民法院管辖。

前款规定的侵权复制品储藏地,是指大量或者经常性储存、隐匿侵权复制品所在地;查封扣押地,是指海关、版权等行政机关依法查封、扣押侵权复制品所在地。

案件索引

1. 于春雨与宝洁公司侵害商标专用权纠纷[浙江省高级人民法院(2017)浙民辖终297号]

2. 日照金通车辆制造有限公司与金杯汽车股份有限公司、金杯车辆制造集

有限公司侵害商标专用权纠纷［最高人民法院（2012）民提字第109号］

裁判要旨

1. 侵权商品的储藏地，是指大量或者经常性储存、隐匿侵权商品所在地。涉及线上销售的侵权行为，在缺乏其他证据佐证的情况下，不能仅依据订单上的发货地址确定为侵权商品储藏地。

2. 对侵权商品查封扣押的，不宜将消费者使用的被控侵权商品的扣押地认定为侵权商品的查封扣押地。

裁定书摘要

1. 于春雨与宝洁公司侵害商标专用权纠纷二审民事裁定书

审理法院：浙江省高级人民法院
案　　号：（2017）浙民辖终297号
案　　由：侵害商标专用权纠纷

【基本案情】
上诉人（原审被告）：于春雨，住所地：安徽省宿州市泗县
被上诉人（原审原告）：宝洁公司，住所地：美国
宝洁公司向宁波市中级人民法院（简称"宁波中院"）提起侵害商标专用权纠纷诉讼，诉称于春雨通过淘宝平台销售被诉侵权产品，且页面上显示配送地址为浙江省宁波市，故被诉侵权产品发货地和收货地均位于浙江省宁波市，并诉求停止侵权及经济赔偿等。

于春雨提起管辖权异议，主要理由为现有证据不能证明被诉侵权产品的发货地即为商品储藏地，本案以商品储藏地作为本案管辖连结点，存在不当，并请求将本案移送其住所地安徽省宿州市中级人民法院审理。

宁波中院裁定驳回于春雨提起管辖权异议申请。

于春雨不服，向浙江省高级人民法院（简称"浙江高院"）提起上诉。

浙江高院作出裁定认为，被诉侵权商品在淘宝销售页面虽显示有销量及库存地点，但仍难以认定浙江省宁波市是大量或者经常性储存地。但认为被诉侵权商品的发货地和收货地均在浙江省宁波市，浙江省宁波市系侵权行为实施地。最终维持一审裁定，驳回于春雨的上诉请求。

【裁判理由】

因侵犯注册商标专用权行为提起的民事诉讼，由侵权行为的实施地、侵权商品的储藏地或者查封扣押地、被告住所地人民法院管辖。前款规定的侵权商品的储藏地，是指大量或者经常性储存、隐匿侵权商品所在地；查封扣押地，是指海关、工商等行政机关依法查封、扣押侵权商品所在地。

被诉侵权商品通过淘宝平台销售，销售网页显示的库存数量多系销售商出于网销便利而自行填写，往往与真实的库存数量不一致，库存显示的地点亦难以确定。在没有其他证据佐证的情况下，难以认定该库存地点属于大量或者经常性储存、隐匿侵权商品所在地。

被诉侵权商品通过淘宝平台销售，如发货地和收货地均位于同一区域的，可视为履行被诉侵权商品买卖合同的全过程均发生在该区域范围内，可认定该区域属于侵权行为实施地。

2. 日照金通车辆制造有限公司与金杯汽车股份有限公司、金杯车辆制造集团有限公司侵害商标专用权纠纷再审民事裁定书

审理法院：最高人民法院

案　　　号：（2012）民提字第 109 号

案　　　由：侵害商标专用权纠纷

【基本案情】

申请再审人（一审被告、二审上诉人）：日照金通车辆制造有限公司（简称"金通公司"），住所地：山东省日照市

被申请人（一审原告、二审被上诉人）：金杯汽车股份有限公司（简称"金杯汽车公司"），住所地：辽宁省沈阳市

一审被告：金杯车辆制造集团有限公司（简称"金杯集团公司"），住所地：山东省日照市

金杯汽车公司向沈阳市中级人民法院（简称"沈阳中院"）提起侵害商标专用权纠纷诉讼，诉称金杯集团公司、金通公司侵犯其注册商标专用权，侵权证据涉及沈阳市康平县工商行政管理局（简称"康平县工商局"）对消费者石月娇所购被控侵权车辆的扣押。

金通公司提出管辖权异议，主要理由为康平县工商局对消费者石月娇所购被控侵权车辆予以扣押，该扣押行为不属于对被控侵权人生产、销售被控侵权商品的查封扣押，沈阳市并非查封扣押地，请求将本案移送至其住所地法院日照市中级人民法院审理。

　　沈阳中院作出裁定，认为《商标法司法解释》第六条所指的"侵权商品的查封扣押地"未对被查封扣押财产的主体作限制性规定，主体不应仅指被控侵权商品的生产者和销售者。被控侵权商品由康平县工商局予以扣押，沈阳市系该被控侵权商品的查封扣押地，沈阳中院享有本案管辖权，驳回金通公司提出的管辖权异议申请。

　　金通公司不服，向辽宁省高级人民法院（简称"辽宁高院"）提起上诉。

　　辽宁高院裁定认为，被控侵权商品已被康平县工商局查封、扣押，沈阳市是被控侵权商品的查封扣押地，并驳回上诉，维持一审裁定。

　　金通公司向最高人民法院申请再审。

　　最高人民法院再审认为，消费者使用的被控侵权商品的扣押地不能视为《商标法司法解释》第六条所指的"侵权商品的查封扣押地"，并裁定撤销一、二审民事裁定，将本案移送至日照市中级人民法院审理。

　　【裁判理由】

　　关于商标民事纠纷案件管辖，应严格适用《商标法司法解释》第六条确定的"侵权行为实施地、侵权商品储藏地或查封扣押地、被告住所地法院"管辖规则。

　　消费者使用的被控侵权商品的扣押地不能认定为《商标法司法解释》第六条所指的"侵权商品的查封扣押地"。从立法本意看，该规定以增强案件管辖的确定性，既方便当事人行使诉权，又方便法院审理为目的。如果将消费者使用被控侵权商品的扣押地理解为《商标法司法解释》第六条规定的"侵权商品的查封扣押地"，将会增加当事人选择管辖法院的随意性，减损此类案件管辖的确定性，违背有关管辖规定的本意。

第五章 确认不侵权之诉管辖裁判要旨及解析

管辖依据

《中华人民共和国民事诉讼法》(2021 年修正):

第二十九条 因侵权行为提起的诉讼,由侵权行为地或者被告住所地人民法院管辖。

《最高人民法院关于本田技研工业株式会社与石家庄双环汽车股份有限公司、北京旭阳恒兴经贸有限公司专利纠纷案件指定管辖的通知》[(2004)民三他字第 4 号]:

确认不侵犯专利权诉讼属于侵权类纠纷,应当依照民事诉讼法第二十九条的规定确定地域管辖。

《最高人民法院关于审理侵犯专利权纠纷案件应用法律若干问题的解释》[法释(2009)21 号]:

第十八条 权利人向他人发出侵犯专利权的警告,被警告人或者利害关系人经书面催告权利人行使诉权,自权利人收到该书面催告之日起一个月内或者自书面催告发出之日起二个月内,权利人不撤回警告也不提起诉讼,被警告人或者利害关系人向人民法院提起请求确认其行为不侵犯专利权的诉讼的,人民法院应当受理。

案件索引

1. 最高人民法院关于本田技研工业株式会社与石家庄双环汽车股份有限公司、北京旭阳恒兴经贸有限公司专利纠纷案件指定管辖的通知[最高人民法院(2004)民三他字第 4 号]

2. 宜优比科技控股(珠海)有限公司与泰朴(上海)国际贸易有限公司确认不侵害专利权纠纷[最高人民法院(2019)最高法知民辖终 88 号]

3. 联奇开发股份有限公司与上海宝冶集团有限公司等侵害发明专利权纠纷[最高人民法院(2019)最高法知民辖终 2 号]

4. 红牛维他命饮料(江苏)有限公司与被天丝医药保健有限公司确认不侵害商

标专用权纠纷［最高人民法院（2018）最高法民终 341 号］

裁判要旨

1. 确认不侵权之诉属于侵权类纠纷，由侵权行为地或者被告住所地人民法院管辖。侵权行为地是指原告实施的涉嫌侵害被告知识产权的行为，即以原告涉嫌侵犯知识产权的行为地确定为侵权行为地。

2. 涉及同一事实的确认不侵犯专利权诉讼和专利侵权诉讼，是当事人双方依照民事诉讼法为保护自己的权益在纠纷发生过程的不同阶段分别提起的诉讼，均属独立的诉讼，一方当事人提起的确认不侵犯专利权诉讼不因对方当事人另行提起专利侵权诉讼而被吸收。但为了避免就同一事实的案件为不同法院重复审判，人民法院应当依法移送管辖合并审理。

3. 确定具体管辖法院，应从方便当事人诉讼、方便人民法院审理出发，综合考虑相关案件的案情、裁判文书的执行等因素，作出合法合理的处理。在尊重和保障当事人诉权的原则、便于当事人诉讼的原则、便于人民法院公正高效行使审判权的原则的基础上考虑具体案件的情况处理。

4. 确认不侵害知识产权诉讼是制约权利人滥用权利、保护利害关系人免受是否侵害他人知识产权这一不确定状态干扰的补救性诉讼。提起确认不侵害知识产权诉讼必须符合相应的条件，即权利人向他人发出侵权的警告，被警告人或者利害关系人书面催告，权利人在收到书面催告后在合理期限内即未撤回警告也未提起诉讼。其中书面催告是程序性要件，权利人既不撤回警告也不启动纠纷解决程序，导致利害关系人的利益受损是实质性要件。

裁定书摘要

1. 最高人民法院关于本田技研工业株式会社与石家庄双环汽车股份有限公司、北京旭阳恒兴经贸有限公司专利纠纷案件指定管辖的通知

发文机关：最高人民法院
文　　号：〔2004〕民三他字第 4 号
发文日期：2004 年 6 月 24 日
施行日期：2004 年 6 月 24 日

河北省高级人民法院、北京市高级人民法院：

河北省高级人民法院《关于石家庄双环汽车股份有限公司与本田技研工业株式会社确认不侵犯专利权纠纷一案管辖争议问题的请示报告》和北京市高级人民法院京高法发［2004］74 号《关于本田技研工业株式会社诉石家庄双环汽车股份有限公司、北京旭阳恒兴经贸有限公司侵犯外观设计专利权纠纷一案管辖权问题的请示》收悉。经研究，现就有关案件管辖问题通知如下：

一、确认不侵犯专利权诉讼属于侵权类纠纷，应当依照《民事诉讼法》第二十九条的规定确定地域管辖。涉及同一事实的确认不侵犯专利权诉讼和专利侵权诉讼，是当事人双方依照《民事诉讼法》为保护自己的权益在纠纷发生过程的不同阶段分别提起的诉讼，均属独立的诉讼，一方当事人提起的确认不侵犯专利权诉讼不因对方当事人另行提起专利侵权诉讼而被吸收。但为了避免就同一事实的案件为不同法院重复审判，人民法院应当依法移送管辖合并审理。

二、本案当事人针对不同专利所提出的诉讼请求，不论其具体请求内容和依据的事实、理由如何，均系可分之诉，可以依法由有管辖权的人民法院分别审理。

三、河北省高级人民法院请示的由河北省石家庄市中级人民法院于 2003 年 10 月 16 日立案受理的石家庄双环汽车股份有限公司诉本田技研工业株式会社确认不侵犯专利权纠纷案（［2003］石民五初字第 00131 号），涉及本田技研工业株式会社名称为"汽车"的 01319523.9 号外观设计专利。北京市高级人民法院请示的由该院于 2003 年 11 月 24 日立案受理的本田技研工业株式会社诉石家庄双环汽车股份有限公司、北京旭阳恒兴经贸有限公司专利侵权纠纷案，涉及本田技研工业株式会社名称为"汽车"的 01319523.9 号外观设计专利和名称为"汽车保险杠"的 01302609.7 号和 01302610.0 号外观设计专利。河北省石家庄市中级人民法院在［2003］石民五初字第 00131 号案中还受理了石家庄双环汽车股份有限公司增加的确认不侵犯本田技研工业株式会社 01302609.7 号和 01302610.0 号外观设计专利的诉讼请求，并应北京旭阳恒兴经贸有限公司的申请通知其作为第三人参加该案诉讼。但从当事人未交纳案件受理费的事实和签收有关送达回证的日期看，不能表明河北省石家庄市中级人民法院在北京市高级人民法院立案受理专利侵权诉讼案件之前已经实际依法受理了该增加的诉讼请求。

四、河北省石家庄市中级人民法院受理的该确认不侵犯专利权诉讼和北京市高级人民法院受理的专利侵权诉讼，均涉及本田技研工业株式会社 01319523.9 号、01302609.7 号和 01302610.0 号外观设计专利，均需要对是否存在有关的侵权法律关系分别作出认定，但两个法院就不同专利发生的纠纷立案受理的时间先后有所不同。根据《中华人民共和国民事诉讼法》第三十七条第二款和《最高人民法院关于在经济审判工作中严格执行〈中华人民共和国民事诉讼法〉的若干规定》第二条之规定，北京市高级人民法院应当将其受理的涉及本田技研工业株式会社 01319523.9

号外观设计专利的诉讼移送河北省石家庄市中级人民法院合并审理，河北省石家庄市中级人民法院应当将其受理的涉及本田技研工业株式会社 01302609.7 号和 01302610.0 号外观设计专利的诉讼移送北京市高级人民法院合并审理。

五、请接到本通知后即分别向指定管辖的法院移送有关诉讼材料；如涉及级别管辖问题，依照民事诉讼法等有关规定处理。

2. 宜优比科技控股（珠海）有限公司与泰朴（上海）国际贸易有限公司确认不侵害专利权纠纷二审民事裁定书

审理法院：最高人民法院
案　　号：（2019）最高法知民辖终 88 号
案　　由：确认不侵害专利权纠纷

【基本案情】
上诉人（原审被告）：宜优比科技控股（珠海）有限公司（简称"宜优比公司"），住所地：广东省珠海市

被上诉人（原审原告）：泰朴（上海）国际贸易有限公司（简称"泰朴公司"），住所地：上海市青浦区

泰朴公司向上海知识产权法院（简称"上知院"）提起确认不侵害专利权纠纷诉讼，诉称其是京东商城优必克官方旗舰店的经营者，其销售的产品被宜优比公司投诉侵害其发明专利权，并主张法院确认不侵害专利权。

宜优比公司提出管辖权异议，主要理由为本案与广州知识产权法院审理侵害专利权纠纷案件属重复诉讼，且本案应由宜优比公司住所地人民法院管辖。

上知院作出裁定，认为是否构成重复起诉，实质是案件进入实体审理的范畴，不属于管辖异议阶段的审理范围。而且上知院所在辖区作为被投诉的涉嫌侵权产品的销售行为实施地，对本案具有管辖权，最终驳回宜优比公司提出管辖权异议申请。

宜优比公司不服，向最高人民法院提起上诉。

最高人民法院作出裁定，认为泰朴公司在京东商城销售的产品被宜优比公司投诉侵害其专利权，泰朴公司住所地位于上海市青浦区，据此可认定泰朴公司被投诉的销售行为实施地位于上海市青浦区，故上知院对本案具有管辖权，并驳回上诉，维持一审裁定。

【裁判理由】
涉及同一事实的确认不侵犯专利权诉讼和专利侵权诉讼，不构成重复诉讼。

确认不侵害专利权诉讼属于侵权类纠纷，对于该类案件的地域管辖和级别管辖，应当依照与之对应的侵害专利权纠纷案件的地域管辖和级别管辖的规定进行确定。

3. 联奇开发股份有限公司与上海宝冶集团有限公司等侵害发明专利权纠纷案

审理法院：最高人民法院

案　　　号：（2019）最高法知民辖终 2 号

案　　　由：侵害发明专利权纠纷

【基本案情】

上诉人（原审被告）：上海宝冶集团有限公司（简称"宝冶公司"），住所地：上海市

被上诉人（原审原告）：联奇开发股份有限公司（简称"联奇公司"），住所地：台湾地区

原审被告：超视堺国际科技（广州）有限公司（简称"超视堺公司"），住所地：广州市

原审被告：中国建筑一局（集团）有限公司（简称"中建一局公司"），住所地：北京市

原审被告：柏诚工程股份有限公司（简称"柏诚公司"），住所地：无锡市

原审被告：江西汉唐系统集成有限公司（简称"汉唐公司"），住所地：南昌市

原审被告：中国电子系统工程第二建设有限公司（简称"中电二建公司"），住所地：无锡市

联奇公司向广州知识产权法院（简称"广知院"）提起两起侵害发明专利权纠纷诉讼，诉称众被告在位于广州市增城经济技术开发区的显示器生产线建设施工项目中所使用"奇氏筒"产品及其项目的施工方法涉嫌侵犯其发明专利。

宝冶公司提出管辖权异议，主要理由为其公司住所地在上海市，上海知识产权法院已经受理同一专利的确认不侵害专利权纠纷案，本案应当移送上海知识产权法院合并审理。

广知院作出裁定，认为被告超视堺公司的住所地位于广州市，属该院管辖范围，且涉嫌侵权的"奇氏筒"施工方法及"奇氏筒"产品的使用地点均位于广州市内，广州市作为本两案的侵权行为地。因此，驳回宝冶公司提出管辖权异议申请。

宝冶公司不服，向最高人民法院提起上诉。

最高人民法院作出裁定，认为广知院受理上述两起专利侵权案件符合民事诉讼

法关于地域管辖的规定，其对本案具有管辖权。同时认为从有利于保障和便利当事人诉讼、有利于人民法院公正高效审理案件出发，本案不宜移送至上海知识产权法院审理。最终驳回上诉，维持一审裁定。

【裁判理由】

《民事诉讼法》第八条规定："民事诉讼当事人有平等的诉讼权利。人民法院审理民事案件，应当保障和便利当事人行使诉讼权利，对当事人在适用法律上一律平等。"人民法院行使审判权应遵循司法活动的基本规律和特点，坚持便于当事人诉讼，便于人民法院依法独立、公正和高效行使审判权的原则。

确定管辖法院，应从方便当事人诉讼、方便人民法院审理出发，综合考虑相关案件的案情、裁判文书的执行等因素，作出合法合理的处理。

4. 红牛维他命饮料（江苏）有限公司与被天丝医药保健有限公司确认不侵害商标专用权纠纷二审民事裁定书

审理法院：最高人民法院
案　　号：（2018）最高法民终341号
案　　由：确认不侵害商标权纠纷

【基本案情】

上诉人（原审原告）：红牛维他命饮料（江苏）有限公司（简称"维他命公司"），住所地：江苏省宜兴经济技术开发区

被上诉人（原审被告）：天丝医药保健有限公司（简称"天丝医药公司"），住所地：泰国曼谷

维他命公司向江苏省高级人民法院（简称"江苏高院"）提起确认不侵害商标权纠纷诉讼，请求法院确认其使用"红牛"企业名称及其生产的红牛维他命饮料产品上突出使用"红牛"标识的行为不构成对天丝医药公司"红牛"的商标权及不正当竞争的侵权。

江苏高院作出裁定，认为本案系确认不侵害商标权及不构成不正当竞争之诉。因天丝医药公司已针对相同的事实和法律关系，以维他命公司为被告之一向本院提起侵害商标权及不正当竞争诉讼。在天丝医药公司已经启动了诉讼程序，维他命公司是否构成侵权已处于法院审理的情况下，维他命公司不应当就相同的法律关系再次提起确认不侵权诉讼。最终认为维他命公司的起诉不符合法定条件，裁定驳回起诉。

维他命公司不服，向最高人民法院提起上诉。

最高人民法院作出裁定，认为在天丝医药公司已向人民法院提起侵害商标权和不正当竞争诉讼的前提下，维他命公司提起的本案确认不侵权诉讼，既不符合确认不侵害知识产权诉讼的程序要件，也不符合确认不侵害知识产权诉讼的实质要件，裁定驳回上诉，维持一审裁定。

【裁判理由】

根据《最高人民法院关于审理侵犯专利权纠纷案件应用法律若干问题的解释》第十八条规定：权利人向他人发出侵犯专利权的警告，被警告人或者利害关系人经书面催告权利人行使诉权，自权利人收到该书面催告之日起一个月内或者自书面催告发出之日起二个月内，权利人不撤回警告也不提起诉讼，被警告人或者利害关系人向人民法院提起确认其行为不侵犯专利权的诉讼的，人民法院应当受理。人民法院审理其他类型的确认不侵害知识产权诉讼，应当参照上述司法解释的规定处理。

确认不侵害知识产权诉讼是制约权利人滥用权利、保护利害关系人免受是否侵害他人知识产权这一不确定状态干扰的补救性诉讼。提起确认不侵害知识产权诉讼必须符合相应的条件，即权利人向他人发出侵权的警告，被警告人或者利害关系人书面催告，权利人在收到书面催告后在合理期限内即未撤回警告也未提起诉讼。其中书面催告是程序性要件，权利人既不撤回警告也不启动纠纷解决程序，导致利害关系人的利益受损是实质性要件。

第六章 侵权与违约竞合管辖裁判要旨及解析

管辖依据

《中华人民共和国民法典》：

第一百八十六条 因当事人一方的违约行为，损害对方人身权益、财产权益的，受损害方有权选择请求其承担违约责任或者侵权责任。

《中华人民共和国民事诉讼法》（2021 年修正）：

第二十九条 因侵权行为提起的诉讼，由侵权行为地或者被告住所地人民法院管辖。

案件索引

1. 化学工业部南通合成材料厂、南通星辰合成材料有限公司、南通中蓝工程塑胶有限公司与南通市东方实业有限公司、陈建新、周传敏、陈晰、李道敏、戴建勋侵犯技术秘密和经营秘密纠纷［最高人民法院（2008）民三终字第 9 号］

2. 中山市隆成日用制品有限公司与湖北童霸儿童用品有限公司侵害实用新型专利权纠纷［最高人民法院（2013）民提字第 116 号］

裁判要旨

1. 因合同而引起的纠纷，在涉及违约责任与侵权责任的竞合时，原告有权选择提起合同诉讼还是侵权诉讼，法院也应当根据原告起诉的案由依法确定能否受理案件以及确定案件的管辖。对于因劳动者与用人单位之间的竞业限制约定引发的纠纷，如果当事人以违约为由主张权利，则属于劳动争议，依法应当通过劳动争议处理程序解决；如果当事人以侵犯商业秘密为由主张权利，则属于不正当竞争纠纷，法院可以依法直接受理。

2. 违约行为应当是指对基础交易合同约定义务的违反而引起的纠纷，而不是指对侵权行为发生之后当事人就如何承担赔偿责任所作约定的违反。权利人与侵权人就侵权损害赔偿数额作出的事先约定不构成权利人与侵权人之间的交易合同，故侵权人应承担的民事责任仅为侵权责任，不属于侵权责任与违约责任竞合的情形。

3. 权利人与侵权人就侵权损害赔偿数额作出的事先约定，是双方就未来发生侵权时权利人因被侵权所受到的损失或者侵权人因侵权所获得的利益所预先达成的一种计算方法，法院可直接以权利人与侵权人的事先约定作为确定侵权损害赔偿数额的依据。

裁定书摘要

1. 化学工业部南通合成材料厂、南通星辰合成材料有限公司、南通中蓝工程塑胶有限公司与南通市东方实业有限公司、陈建新、周传敏、陈晰、李道敏、戴建勋侵犯技术秘密和经营秘密纠纷二审裁定书

审理法院：最高人民法院

案　　号：（2008）民三终字第 9 号

案　　由：侵犯技术秘密纠纷

【基本案情】

上诉人（原审被告）：陈建新，住所地：江苏省南通市

被上诉人（原审原告）：化学工业部南通合成材料厂（简称"南通厂"），住所地：江苏省南通市

被上诉人（原审原告）：南通星辰合成材料有限公司（简称"星辰公司"），住所地：江苏省南通市

被上诉人（原审原告）：南通中蓝工程塑胶有限公司（简称"中蓝公司"），住所地：江苏省南通市

原审被告：南通市东方实业有限公司（简称"东方公司"），住所地：江苏省南通市

原审被告：周传敏，住所地：江苏省南通市

原审被告：陈晰，住所地：江苏省南通市

原审被告：李道敏，住所地：江苏省南通市

原审被告：戴建勋，住所地：江苏省南通市

原告合成厂、星辰公司、中蓝公司向江苏省高级人民法院（简称"江苏高院"）提起侵犯技术秘密和经营秘密纠纷诉讼，诉称众被告东方公司、周传敏、陈建新、陈晰、李道敏和戴建勋实施其商业秘密，构成侵权，并要求停止侵权及经济赔偿 4500 万等。

被告陈建新提出管辖权异议，理由为本案主要是劳动争议，应当由南通市劳动仲裁委员会裁决。

江苏高院作出裁定，认为原告指控包括陈建新在内的六被告侵犯其商业秘密，争议实质是原告是否合法拥有诉称的商业秘密、侵权行为是否成立及侵权民事责任的承担，不属劳动争议案件。而且被控侵权行为地及被告住所地均在江苏省南通市，而江苏省高级人民法院受理的第一审知识产权纠纷案件的标的额为人民币4000万元以上，符合有关级别管辖的规定，并驳回被告陈建新对本案提出的管辖权异议。

被告陈建新不服，向最高人民法院提起上诉。

最高人民法院作出裁定，认为本案不属于劳动争议案件，本案作为侵权案件，人民法院可以直接受理。江苏高院作为本案一审管辖法院，符合有关的级别管辖规定，并驳回上诉，维持一审裁定。

【裁判理由】

因合同而引起的纠纷，在涉及违约责任与侵权责任的竞合时，原告有权选择提起合同诉讼还是侵权诉讼，人民法院也应当根据原告起诉的案由依法确定能否受理案件以及确定案件的管辖。

对于因劳动者与用人单位之间的竞业限制约定引发的纠纷，如果当事人以违约为由主张权利，则属于劳动争议，依法应当通过劳动争议处理程序解决；如果当事人以侵犯商业秘密为由主张权利，则属于不正当竞争纠纷，人民法院可以依法直接受理。

2. 中山市隆成日用制品有限公司与湖北童霸儿童用品有限公司侵害实用新型专利权纠纷再审民事判决书

审理法院：最高人民法院
案　　　号：（2013）民提字第116号
案　　　由：侵害实用新型专利纠纷

【基本案情】

再审申请人（一审原告、二审上诉人）：中山市隆成日用制品有限公司（简称"隆成公司"），住所地：广东省中山市

被申请人（一审被告、二审上诉人）：湖北童霸儿童用品有限公司（简称"童霸公司"），住所地：湖北省汉川市

2008年，隆成公司曾以童霸公司侵犯涉案专利为由向武汉市中级人民法院（简称"武汉中院"）提起诉讼，武汉中院判决童霸公司停止侵权并赔偿损失。后双方在二审审理期间达成调解协议，调解协议主要内容为：童霸公司保证不再侵犯隆成公

司的专利权，如发现一起侵犯隆成公司实用新型专利权的行为，自愿赔偿隆成公司人民币 100 万元。

该解调书生效后，童霸公司又于 2009 年在中国进出口商品交易会继续展出侵权产品。

2011 年，隆成公司继续向武汉中院提起本案诉讼，诉求童霸公司赔偿隆成公司 100 万元。

武汉中院作出一审判决，认为童霸公司生产、销售被控侵权产品的行为构成专利侵权，并判决停止侵权。关于经济赔偿，认为侵权民事责任与违约民事责任的事实基础和法律基础不同，产生于不同的法律关系。隆成公司明确选择对被控侵权行为提起侵权之诉，就应根据侵权责任法确定赔偿数额。在未主张违约之诉的情况下，法院无须就当事人双方是否有违约行为及违约责任作出判断，故不宜简单适用当事人约定的违约赔偿金，不予支持调解书约定的 100 万元赔偿，并判决童霸公司赔偿经济损失 14 万元等。

隆成公司、童霸公司均不服，分别向湖北省高级人民法院（简称"湖北高院"）提起上诉。

湖北高院作出二审判决，认为原调解协议中约定的赔偿数额不能适用于本案，维持一审判决。

隆成公司不服，继续向最高人民法院申请再审。

最高人民法院再审认为，调解协议系双方自愿达成，其内容仅涉及私权处分，不涉及社会公共利益、第三人利益，也不存在法律规定的其他无效情形，合法有效，且本案应适用双方在调解协议中约定的赔偿数额确定方法。最终改判童霸公司依调解协议约定承担经济赔偿 100 万元。

【裁判理由】

关于调解协议的法律效力：调解协议系双方自愿达成，其内容仅涉及私权处分，不涉及社会公共利益、第三人利益，也不存在法律规定的其他无效情形，协议合法有效。

关于本案能否适用双方在调解协议中约定的赔偿数额确定方法：本案中童霸公司应承担的民事责任，不属于侵权责任与违约责任竞合之情形。违约责任与侵权责任发生竞合的前提是当事人双方之间存在一种基础的交易合同关系。调解协议并非隆成公司与童霸公司之间的基础交易合同，而是对侵权行为发生后如何承担侵权赔偿责任（包括计算方法和数额）的约定。我国法律并未禁止被侵权人与侵权人就侵权责任的方式、侵权赔偿数额等预先作出约定；这种约定的法律属性，可认定为双方就未来发生侵权时权利人因被侵权所受到的损失或者侵权人因侵权所获得的利益，预先达成的一种简便的计算和确定方法。

第七章　反垄断纠纷管辖裁判要旨及解析

管辖依据

《中华人民共和国民事诉讼法》（2021 年修正）：

第二十九条　因侵权行为提起的诉讼，由侵权行为地或者被告住所地人民法院管辖。

《最高人民法院关于适用〈中华人民共和国民事诉讼法〉的解释》（2020 年修正）：

第二十四条　民事诉讼法第二十八条规定的侵权行为地，包括侵权行为实施地、侵权结果发生地。

《最高人民法院关于审理因垄断行为引发的民事纠纷案件应用法律若干问题的规定》（2020 年修正）：

第四条　垄断民事纠纷案件的地域管辖，根据案件的具体情况，依照民事诉讼法及相关司法解释有关侵权纠纷、合同纠纷等的管辖确定。

《中华人民共和国仲裁法》（2017 年修正）：

第二条　平等主体的公民、法人和其他组织之间发生的合同纠纷和其他财产权益纠纷，可以仲裁。

第五条　当事人达成仲裁协议，一方向人民法院起诉的，人民法院不予受理，但仲裁协议无效的除外。

案件索引

1. 浙江天猫网络有限公司、浙江天猫技术有限公司、阿里巴巴集团控股有限公司与北京京东世纪贸易有限公司、北京京东叁佰陆拾度电子商务有限公司滥用市场支配地位纠纷［最高人民法院（2008）民三终字第 9 号］

2. VISCAS 株式会社与国网上海市电力公司垄断协议纠纷［最高人民法院（2019）最高法知民辖终 356 号］

3. 山西昌林实业有限公司与壳牌（中国）有限公司滥用市场支配地位纠纷［最

高人民法院(2019)最高法民申 6242 号]

裁判要旨

1. 垄断民事纠纷案件的地域管辖,根据案件的具体情况,依照民事诉讼法及相关司法解释有关侵权纠纷、合同纠纷等的管辖确定。

2. 垄断纠纷是一种特殊类型的纠纷。如果垄断纠纷发生在共同实施垄断行为,例如横向垄断协议的双方当事人之间,一方诉请确认垄断协议无效,该纠纷类似于合同纠纷,可依照合同纠纷的管辖规定确定管辖;如果垄断纠纷发生在垄断行为受害人与垄断行为实施者之间,一方诉请法院确认另一方实施垄断行为、责令停止垄断行为或者请求损害赔偿救济,该纠纷类似于侵权纠纷,可依照侵权纠纷的管辖规定确定管辖。

裁定书摘要

1. 浙江天猫网络有限公司、浙江天猫技术有限公司、阿里巴巴集团控股有限公司与北京京东世纪贸易有限公司、北京京东叁佰陆拾度电子商务有限公司滥用市场支配地位纠纷二审民事裁定书

审理法院:最高人民法院

案　　号:(2019)最高民辖终 130 号

案　　由:滥用市场支配地位纠纷

【基本案情】

上诉人(一审被告):浙江天猫网络有限公司(简称"天猫网络公司"),住所地:浙江省杭州市

上诉人(一审被告):浙江天猫技术有限公司(简称"天猫技术公司"),住所地:浙江省杭州市

上诉人(一审被告):阿里巴巴集团控股有限公司(简称"阿里巴巴集团公司"),住所地:英属开曼群岛

被上诉人(一审原告):北京京东世纪贸易有限公司(简称"京东贸易公司"),住所地:北京市北京经济技术开发区

被上诉人(一审原告):北京京东叁佰陆拾度电子商务有限公司(简称"京东叁佰陆拾度公司"),住所地:北京市北京经济技术开发区

　　原告京东贸易公司、京东叁佰陆拾度公司向北京市高级人民法院（简称"北京高院"）提起滥用市场支配地位纠纷诉讼，诉称被告天猫网络公司、天猫技术公司、阿里巴巴集团公司在中国大陆 B2C 网上零售平台市场上具有市场支配地位，实施了包括"二选一"行为在内的滥用市场支配地位行为，并要求承担侵权责任。

　　被告天猫网络公司、天猫技术公司、阿里巴巴集团公司共同提出管辖权异议，主要理由为北京高院既非被告住所地人民法院，也非侵权行为地人民法院，对本案无管辖权，请求移送至其住所地人民法院浙江省高级人民法院审理。

　　北京高院作出裁定，认为天猫网络公司、天猫技术公司、阿里巴巴集团公司不仅在北京地区实际实施了被控的"二选一"行为，而且上述行为的后果也及于北京地区，即北京地区属于被诉侵权行为的实施地和侵权结果发生地，并驳回被告天猫网络公司、天猫技术公司、阿里巴巴集团公司提出的管辖权异议申请。

　　被告天猫网络公司、天猫技术公司、阿里巴巴集团公司不服，向最高人民法院提起上诉。

　　最高人民法院作出裁定，认为涉及"二选一"行为中包括战略合作协议在北京签署，北京市属于被诉侵权行为地，对本案具有管辖权，并驳回上诉，维持一审裁定。

【裁判理由】

　　垄断民事纠纷案件的地域管辖，根据案件的具体情况，依照民事诉讼法及相关司法解释有关侵权纠纷、合同纠纷等的管辖确定。因侵权行为提起的诉讼，由侵权行为地或者被告住所地人民法院管辖。侵权行为地，包括侵权行为实施地、侵权结果发生地。

　　如垄断民事纠纷案件构成侵权纠纷的，被诉侵权行为实施地、侵权结果发生地、被告住所地人民法院均有权管辖。

2. VISCAS 株式会社与国网上海市电力公司垄断协议纠纷二审民事裁定书

审理法院：最高人民法院
案　　号：（2019）最高法知民辖终 356 号
案　　由：垄断协议纠纷

【基本案情】

上诉人（原审被告）：VISCAS 株式会社，住所地：日本

被上诉人（原审原告）：国网上海市电力公司（简称"国网公司"），住所地：中

国(上海)自由贸易试验区

原告国网公司向上海知识产权法院(简称"上知院")提起垄断协议纠纷诉讼,诉称 VISCAS 株式会社达成并实施了横向垄断协议,该垄断行为给其造成了损失。

VISCAS 株式会社提出管辖权异议,主要理由为本案属于合同纠纷,依法应当按照合同约定的争议解决方式即仲裁方式解决纠纷,人民法院不享有管辖权。

上知院作出裁定,认为本案系因 VISCAS 株式会社实施横向垄断协议引起的纠纷,该垄断行为给国网公司造成了损失,本质上属于侵权诉讼,并非因合同引起的争议,不受合同仲裁条款的约束。又因国网公司住所地属于侵权结果发生地,位于一审法院管辖区域内,驳回 VISCAS 株式会社提出管辖权异议申请。

VISCAS 株式会社不服,向最高人民法院提起上诉。

最高人民法院作出裁定,认为涉案证据初步表明,国网公司系 VISCAS 株式会社与他人共同实施的横向垄断协议行为的受害者,本案具有侵权纠纷的法律性质。一审法院依照侵权纠纷的管辖规定确定本案管辖,并无不当,并驳回 VISCAS 株式会社的上诉。

【裁判理由】

垄断纠纷是一种特殊类型的纠纷,在确定地域管辖连结点时,可以根据个案具体情况的不同,分别适用有关侵权纠纷、合同纠纷等的管辖规定。

如垄断纠纷发生在共同实施垄断行为例如横向垄断协议的双方当事人之间,一方诉请确认垄断协议无效,该纠纷类似于合同纠纷,可依照合同纠纷的管辖规定确定管辖;

如垄断纠纷发生在垄断行为受害人与垄断行为实施者之间,一方诉请法院确认另一方实施垄断行为、责令停止垄断行为或者请求损害赔偿救济,该纠纷类似于侵权纠纷,可依照侵权纠纷的管辖规定确定管辖。

作为规范市场竞争秩序的法律,反垄断法具有明显的公法性质。在横向垄断协议的认定与处理完全超出了合同相对人之间的权利义务关系的情况下,当事人在合同中约定的仲裁条款不能成为排除人民法院管辖横向垄断协议纠纷的当然和绝对依据。

3. 山西昌林实业有限公司与壳牌(中国)有限公司滥用市场支配地位纠纷再审民事裁定书

审理法院:最高人民法院

案　　号:二审(2019)京民辖终 44 号

再审(2019)最高法民申 6242 号

案　　　由：滥用市场支配地位纠纷

【基本案情】

再审申请人(一审原告、二审被上诉人)：山西昌林实业有限公司(简称"昌林公司")，住所地：山西省太原市

被申请人(一审被告、二审上诉人)：壳牌(中国)有限公司(简称"壳牌公司")，住所地：北京市

原告昌林公司向北京知识产权法院(简称"北知院")提起滥用市场支配地位纠纷诉讼，诉称昌林公司是壳牌公司的经销商。壳牌公司滥用了其在中国润滑油经销服务市场的支配地位，实施了一系列滥用市场支配地位的行为，包括但不限于不公平高价、差别待遇、限定交易、附加不合理交易条件等，侵犯了昌林公司等广大经销商及用户的合法权益，给昌林公司造成了重大财产损失。

壳牌公司向北知院提起管辖权异议，主要理由为本案存在重大影响，请求移送北京市高级人民法院审理(简称"北京高院")。

北知院作出裁定，认为其对北京市辖区内的第一审垄断民事纠纷具有管辖权，并驳回壳牌公司提出的管辖权异议申请。

壳牌公司不服，向北京市高级人民法院提起上诉，主要理由为昌林公司与壳牌公司之间存在合法有效的仲裁约定，本案争议不属于人民法院受理范围。

北京高院作出裁定，认为昌林公司与壳牌公司因履行《经销商协议》而产生的争议，仍应适用该协议中约定的有效仲裁条款，故对于昌林公司的起诉，属于仲裁条款范围，人民法院不应予以受理。最终撤销一审裁定，并驳回昌林公司的起诉。

【裁判理由】

《中华人民共和国仲裁法》第五条规定，当事人达成仲裁协议，一方向人民法院起诉的，人民法院不予受理，但仲裁协议无效的除外。

《中华人民共和国合同法》第一百二十二条规定，因当事人一方的违约行为，侵害对方人身、财产权益的，受损害方有权选择依照本法要求其承担违约责任或者依照其他法律要求其承担侵权责任。

当事人以垄断侵权为由提起诉讼，实属在侵权责任和违约责任竞合状态下对诉由行使的选择权。即便如此，案件管辖问题仍应受到合同有效仲裁条款的约束，不应允许当事人通过选择诉因而排除有效仲裁条款的适用。

第八章　技术合同管辖裁判要旨及解析

管辖依据

《中华人民共和国民事诉讼法》（2021 年修正）：

第二十三条　因合同纠纷提起的诉讼，由被告住所地或者合同履行地人民法院管辖。

《最高人民法院关于适用〈中华人民共和国民事诉讼法〉的解释》（2020 年修正）：

第十八条　合同约定履行地点的，以约定的履行地点为合同履行地。

合同对履行地点没有约定或者约定不明确，争议标的为给付货币的，接收货币一方所在地为合同履行地；交付不动产的，不动产所在地为合同履行地；其他标的，履行义务一方所在地为合同履行地。即时结清的合同，交易行为地为合同履行地。

合同没有实际履行，当事人双方住所地都不在合同约定的履行地的，由被告住所地人民法院管辖。

《最高人民法院关于审理技术合同纠纷案件适用法律若干问题的解释》（2020 年修正）：

第四十三条　技术合同纠纷案件一般由中级以上人民法院管辖。

各高级人民法院根据本辖区的实际情况并报经最高人民法院批准，可以指定若干基层人民法院管辖第一审技术合同纠纷案件。

其他司法解释对技术合同纠纷案件管辖另有规定的，从其规定。

合同中既有技术合同内容，又有其他合同内容，当事人就技术合同内容和其他合同内容均发生争议的，由具有技术合同纠纷案件管辖权的人民法院受理。

案件索引

1. 山东赛米机电设备有限公司与烟台核晶陶瓷新材料有限公司合同纠纷［山东省烟台市中级人民法院（2021）鲁 06 民辖终 57 号］

2. 山东欧润德环保节能科技有限公司与北京欧润德聚合物保温材料技术中心技术转让合同纠纷[北京知识产权法院(2021)京73民辖终17号]

裁判要旨

1. 技术合同纠纷属于知识产权纠纷，依据知识产权合同案件处理管辖受理范围，即由被告住所地或者合同履行地的有知识产权管辖权的人民法院管辖。

2. 当事人将技术合同和其他合同内容或者将不同类型的技术合同内容订立在一个合同中的，应当根据当事人争议的权利义务内容，确定案件的性质和案由。合同中既有技术合同内容，又有其他合同内容的，当事人就技术合同内容和其他合同内容均发生争议的，由具有技术合同纠纷案件管辖权的人民法院受理。

裁定书摘要

1. 山东赛米机电设备有限公司、烟台核晶陶瓷新材料有限公司合同纠纷二审民事裁定书

审理法院：山东省烟台市中级人民法院
案　　号：(2021)鲁06民辖终57号
案　　由：合同纠纷

【基本案情】
上诉人(原审被告)：山东赛米机电设备有限公司(简称"赛米公司")，住所地：山东省淄博市张店区
被上诉人(原审原告)：烟台核晶陶瓷新材料有限公司(简称"核晶公司")，住所地：栖霞市迎宾路
核晶公司向栖霞市人民法院(简称"栖霞法院")提起诉讼，诉称核晶公司和赛米公司签订了《用于坩埚高纯喷涂工艺的机器人生产线合同》，双方并因该合同的履行产生争议。
赛米公司提出管辖权异议，主要理由是双方签订的合同为技术委托开发合同，而非买卖合同，要求将本案移送至有知识产权管辖法院淄博市中级人民法院审理。
栖霞法院作出裁定，认为双方签订的合同系买卖合同纠纷，非技术委托开发

合同，且一审法院同是合同约定管辖法院，驳回赛米公司提出管辖权异议申请。

赛米公司不服，向烟台市中级人民法院（简称"烟台中院"）提起上诉。

烟台中院作出裁定，认为双方签订的合同应定性为技术委托开发合同，适用知识产权一般管辖规定，栖霞法院对本案不具有管辖权，并撤销一审法院裁定，由该院直接管辖。

【裁判理由】

技术合同纠纷案件一般由中级以上人民法院管辖。各高级人民法院根据本辖区的实际情况并报经最高人民法院批准，可以指定若干基层人民法院管辖第一审技术合同纠纷案件。

2. 山东欧润德环保节能科技有限公司与北京欧润德聚合物保温材料技术中心技术转让合同纠纷民事裁定书

审理法院：北京知识产权法院

案　　号：（2021）京73民辖终17号

案　　由：技术转让合同纠纷

【基本案情】

上诉人（原审被告）：山东欧润德环保节能科技有限公司（简称"欧润德公司"），住所地山东省德州市临邑县

被上诉人（原审原告）：北京欧润德聚合物保温材料技术中心（简称"欧润德中心"），住所地北京市房山区

欧润德中心向北京市丰台区人民法院（简称"丰台法院"）提起技术转让合同纠纷诉讼，诉称欧润德中心与欧润德公司签订了《战略合并协议书》，双方因该合同的履行产生争议。

欧润德公司提出管辖权异议，主要理由为《战略合并协议书》并非技术转让合同，也不包含技术转让内容，本案应依据合同性质确定管辖法院，请求移送至山东省德州市临邑县人民法院审理。

丰台法院作出裁定，认为《战略合并协议书》属技术转让合同纠纷，欧润德中心住所地可视为合同履行地，驳回欧润德公司提出的管辖权异议申请。

欧润德公司不服，向北京知识产权法院提起上诉。

北京知识产权法院经审理，认为一审法院的裁定结果正确，应予维持。

【裁判理由】

当事人将技术合同和其他合同内容或者将不同类型的技术合同内容订立在一个合同中的，应当根据当事人争议的权利义务内容，确定案件的性质和案由。

合同中既有技术合同内容，又有其他合同内容，当事人就技术合同内容和其他合同内容均发生争议的，由具有技术合同纠纷案件管辖权的人民法院受理。

第九章　涉外知识产权管辖裁判要旨及解析

管辖依据

《中华人民共和国民事诉讼法》(2021年修正)：

第二百六十五条　因合同纠纷或者其他财产权益纠纷，对在中华人民共和国领域内没有住所的被告提起的诉讼，如果合同在中华人民共和国领域内签订或者履行，或者诉讼标的物在中华人民共和国领域内，或者被告在中华人民共和国领域内有可供扣押的财产，或者被告在中华人民共和国领域内设有代表机构，可以由合同签订地、合同履行地、诉讼标的物所在地、可供扣押财产所在地、侵权行为地或者代表机构住所地人民法院管辖。

案件索引

1. 康文森无线许可有限公司与中兴通讯股份有限公司标准必要专利许可纠纷[最高人民法院(2019)最高法知民辖终157号]
2. 交互数字技术公司、交互数字通信有限公司、交互数字公司与华为技术有限公司滥用市场支配地位纠纷[广东省高级人民法院(2012)粤高法立民终字第160号]

裁判要旨

1. 标准必要专利许可纠纷既非典型的合同纠纷，又非典型的侵权纠纷，而是一种特殊的纠纷类型。判断被告在中国没有住所和办事机构的标准必要专利许可纠纷是否与中国存在适当联系，可以考虑许可标的所在地、专利实施地、合同签订地、合同履行地等是否在中国境内。只要前述地点之一在中国境内，则应认为该案件与中国存在适当联系，中国法院对该案件具有管辖权。
2. 当事人因境外垄断行为在中国境内受到损失而提起诉讼的，该被诉境外垄断行为对中国境内市场竞争产生排除、限制影响的结果地可以作为案件管辖连结点。

裁定书摘要

1. 康文森无线许可有限公司与中兴通讯股份有限公司标准必要专利许可纠纷二审民事裁定书

审理法院：最高人民法院
案　　号：（2019）最高法知民辖终 157 号
案　　由：标准必要专利许可纠纷

【基本案情】

上诉人（原审被告）：康文森无线许可有限公司（简称"康文森公司"），住所地：卢森堡大公国卢森堡市

被上诉人（原审原告）：中兴通讯股份有限公司（简称"中兴公司"），住所地：广东省深圳市

原告中兴公司向深圳市中级人民法院（简称"深圳中院"）提起标准必要专利许可纠纷诉讼，诉称中兴公司与康文森公司就标准必要专利许可费问题进行了长期谈判，但至今未就许可费率达成一致意见，并产生本起诉讼。

康文森公司提出管辖权异议，主要理由为本案不应依据中兴公司无线通信产品的研发地和生产地、合同谈判地及履行地确定管辖，且英国法院是管辖本案更适宜的法院，请求驳回中兴公司的起诉。

深圳中院作出裁定，认为中兴公司位于广东省深圳市，且产品研发地、生产地属于专利实施地。深圳中院作为专利实施地法院，对本案具有管辖权，并驳回康文森公司提出管辖权异议申请。

康文森公司不服，向最高人民法院提起上诉。

最高人民法院作出裁定，认为康文森公司系外国企业，且其在中国境内没有住所和代表机构。针对在中国境内没有住所和代表机构的被告提起的涉外民事纠纷案件，中国法院是否具有管辖权，取决于该标准必要专利许可纠纷与中国是否存在适当联系。本案作为许可标的的标准必要专利为中国专利，作为许可标的的标准必要专利实施地也在中国，中国法院对本案具有管辖权。又因中兴公司位于广东省深圳市，其在该地实施本案所涉标准必要专利，原审法院以此确定本案管辖权属正确，并驳回康文森公司提出的管辖权异议申请。

【裁判理由】

针对在中国境内没有住所和代表机构的被告提起的涉外民事纠纷案件，中国法院是否具有管辖权，取决于该纠纷与中国是否存在适当联系。

关于标准必要专利许可纠纷这一特殊纠纷是否与中国存在适当联系的判断，可以考虑许可标的所在地、专利实施地、合同签订地、合同履行地等是否在中国境内。只要前述地点之一在中国境内，则应认为该案件与中国存在适当联系，中国法院对该案件具有管辖权。

2. 交互数字技术公司、交互数字通信有限公司、交互数字公司与华为技术有限公司滥用市场支配地位纠纷二审民事裁定书

审理法院：广东省高级人民法院

案　　　号：（2012）粤高法立民终字第 160 号

案　　　由：滥用市场支配地位纠纷

【基本案情】

上诉人（原审被告）：交互数字技术公司，住所地：美国特拉华州

上诉人（原审被告）：交互数字通信有限公司，住所地：美国宾夕法尼亚州

上诉人（原审被告）：交互数字公司，住所地：美国宾夕法尼亚州

被上诉人（原审原告）：华为技术有限公司，住所地：广东省深圳市

华为技术有限公司向深圳市中级人民法院（简称"深圳中院"）提起滥用市场支配地位纠纷诉讼，诉称交互数字技术公司、交互数字通信有限公司、交互数字公司滥用其在 3G 无线通信标准中的基本专利许可市场中的支配地位，在与华为技术有限公司进行相关专利许可的谈判过程中设定歧视性的交易条件、在许可条件中附加不合理的条件、在许可过程中涉嫌搭售以及提出各种苛刻条件，并突然向美国提起诉讼，其滥用市场支配地位行为不仅损害了竞争秩序，也对华为技术有限公司造成实质损害，已构成垄断民事侵权。

交互数字技术公司、交互数字通信有限公司、交互数字公司提出管辖权异议，主要理由为本案侵权行为地应在美国，中国法院包括深圳中院对本案不享有管辖权。即便中国法院对本案有管辖权，也应该由北京市有管辖权的法院管辖。

深圳中院作出裁定，认为双方就通信设备领域里的专利技术许可问题通过电子邮件或者在深圳等地进行了长期谈判，但至今未就许可费率达成一致。华为技术有限公司指控众被告滥用市场支配地位构成垄断侵权，而华为技术有限公司的总部在广东省深圳市，深圳市中级人民法院作为被控侵权行为结果发生地的法院，对本案享有管辖权，并驳回交互数字技术公司、交互数字通信有限公司、交互数字公司提

出的管辖权异议申请。

交互数字技术公司、交互数字通信有限公司、交互数字公司不服，向最高人民法院提起上诉。

最高人民法院作出裁定，认为本案属滥用市场支配地位纠纷，华为技术有限公司起诉时提交了证明交互数字技术公司、交互数字通信有限公司、交互数字公司涉嫌实施滥用市场支配地位行为的证据。华为技术有限公司的住所地在广东省深圳市，一审法院作为侵权结果发生地法院，对本案拥有管辖权，并驳回上诉，维持一审裁定。

第十章 涉管辖程序审查裁判要旨及解析

管辖依据

《中华人民共和国民事诉讼法》(2021年修正):

第三十五条 两个以上人民法院都有管辖权的诉讼,原告可以向其中一个人民法院起诉;原告向两个以上有管辖权的人民法院起诉的,由最先立案的人民法院管辖。

《最高人民法院关于适用〈中华人民共和国民事诉讼法〉的解释》(2020年修正):

第三十七条 案件受理后,受诉人民法院的管辖权不受当事人住所地、经常居住地变更的影响。

第三十九条 人民法院对管辖异议审查后确定有管辖权的,不因当事人提起反诉、增加或者变更诉讼请求等改变管辖,但违反级别管辖、专属管辖规定的除外。

案件索引

1. 深圳市万普拉斯科技有限公司与高清编解码科技有限责任公司侵害发明专利权纠纷[最高人民法院(2021)最高法知民辖终4号]

2. 烟台台海玛努尔核电设备有限公司与国机重型装备集团股份有限公司侵害发明专利权纠纷[最高人民法院(2020)最高法知民辖终361号]

3. 圣奥化学科技有限公司与山西翔宇化工有限公司破产管理人、运城晋腾化学科技有限公司、陈永刚侵害技术秘密纠纷[最高人民法院(2020)最高法知民辖终68号]

裁判要旨

1. 法院在管辖权异议二审审理阶段,原则上仅对相关案件事实作形式审查,即只要能够依法认定受诉法院与确定案件管辖相关的事实之间存在能够建立可争辩的地域管辖连结关系,即可认为受诉法院对案件具有管辖权。如果与建立案件管辖连结点相关的事实同时涉及案件实体争议内容的，只需审查案件初步证据是否能够证成存在一个可争辩的管辖连结点事实即可。

2. 法院在管辖权异议程序中的审理范围不以当事人的管辖权异议理由为限。原受诉法院不具有管辖权的，案件移送也不以当事人管辖权异议所请求的受移送法院为限。

3. 确定案件管辖原则上以起诉时为准，起诉时对案件具有管辖权的法院，不因确定管辖的事实在诉讼过程中发生变化而影响其管辖权，此所谓管辖权恒定原则。

裁定书摘要

1. 深圳市万普拉斯科技有限公司与高清编解码科技有限责任公司侵害发明专利权纠纷二审民事裁定书

审理法院：最高人民法院

案　　　号：（2021）最高法知民辖终 4 号

案　　　由：侵害发明专利权纠纷

【基本案情】

上诉人（原审被告）：深圳市万普拉斯科技有限公司（简称"万普拉斯公司"），住所地：广东省深圳市

被上诉人（原审原告）：高清编解码科技有限责任公司（简称"高清编解码公司"），住所地：美利坚合众国得克萨斯州

原审被告：南京白下苏宁易购商贸有限公司（简称"苏宁公司"），住所地：江苏省南京市

原告高清编解码公司向江苏省南京市中级人民法院（简称"南京中院"）提起侵害发明专利权纠纷诉讼，诉称万普拉斯公司制造、销售被诉侵权产品，苏宁公司销售被诉侵权产品，并要求停止侵权及经济赔偿等。

万普拉斯公司提出管辖权异议，主要理由为万普拉斯公司住所地位于广东省深圳市，而且苏宁公司所销售的被诉侵权产品均有合法来源，其与本案是否构成专利侵权并无关联性，应移送其住所地有管辖权的人民法院管辖。

南京中院作出裁定，认为本案被告涉及制造者与销售者，销售地人民法院有管辖权。苏宁公司作为被告，其所在地属一审法院管辖范围，并驳回万普拉斯公司提出管辖权异议申请。

万普拉斯公司不服，向最高人民法院提起上诉。

最高人民法院作出裁定，认为被诉侵权人苏宁公司的住所地位于江苏省南京市，且江苏省南京市同是被诉侵权产品的销售地，南京中院依法享有管辖权。另外，管辖权异议审理阶段，只需审查案件初步证据是否能够证成存在一个可争辩的管辖连结点事实即可，一般不对案件实体争议内容等作出认定。故维持一审裁定，驳回上诉。

【裁判理由】

人民法院在管辖权异议二审审理阶段，原则上仅对相关案件事实作形式审查，即只要能够依法认定受诉法院与确定案件管辖相关的事实之间存在能够建立可争辩的地域管辖连结关系，即可认为受诉法院对案件具有管辖权。

如果与建立案件管辖连结点相关的事实同时涉及案件实体争议内容的，只需审查案件初步证据是否能够证成存在一个可争辩的管辖连结点事实即可。

2. 烟台台海玛努尔核电设备有限公司、国机重型装备集团股份有限公司侵害发明专利权纠纷二审民事裁定书

审理法院：最高人民法院

案　　　号：（2020）最高法知民辖终 361 号

案　　　由：侵害发明专利权纠纷

【基本案情】

上诉人（原审被告）：烟台台海玛努尔核电设备有限公司（简称"台海公司"），住所地：山东省烟台市

被上诉人（原审原告）：国机重型装备集团股份有限公司（简称"国机公司"），住所地：四川省德阳市

原告国机公司向成都市中级人民法院（简称"成都中院"）提起侵害发明专利权纠纷诉讼，诉称台海公司未经许可，制造、销售、许诺销售被诉侵权产品以及使用涉案专利方法侵害其发明专利权，其中也包括台海公司在成都市实施了关于被诉侵权产品的投标行为。

台海公司提出管辖权异议，主要理由为成都中院对本案不具有管辖权，被诉侵权产品的加工工艺及加工模具的地点是被诉侵权产品的制造地，即台海公司住所地，请求移送至台海公司住所地人民法院管辖。

成都中院作出裁定，认为该院不具有管辖权，而且福建福清核电站现场系被诉侵权产品销售行为的实施地，被诉侵权产品及其制造方法的详细技术资料由福建福

清核电有限公司接受和使用，裁定移送福建省福州市中级人民法院审理。

台海公司不服，向最高人民法院提起上诉。

最高人民法院作出裁定，认为台海公司在成都市实施了关于被诉侵权产品的投标行为，该行为属于许诺销售行为。成都中院作为被诉侵权产品许诺销售行为实施地的法院，依法对本案具有管辖权。而且，管辖权异议程序的审理对象不限于管辖异议申请中提出的理由，而是原受诉法院的管辖是否合法有据。最终纠正一审裁决，指定由成都中院继续审理本案。

【裁判理由】

专利法将许诺销售规定为发明和实用新型专利权的侵权行为之一，专利权人有权对许诺销售行为单独或与其他侵权行为共同提起侵权诉讼。

当事人关于案件管辖所享有的诉讼权利是管辖异议申请权，也即启动或者不启动对原受诉法院管辖权合法性审查的权利。管辖权异议程序的审理对象不限于管辖异议申请中提出的理由，而是原受诉法院的管辖是否合法有据。另外，管辖权异议程序原则上只解决管辖权的问题，不解决管辖方便的问题。

3. 圣奥化学科技有限公司与山西翔宇化工有限公司破产管理人侵害技术秘密纠纷二审民事裁定书

审理法院：最高人民法院

案　　号：（2020）最高法知民辖终 68 号

案　　由：侵害技术秘密纠纷

【基本案情】

上诉人（原审原告）：圣奥化学科技有限公司（简称"圣奥公司"），住所地：中国（上海）自由贸易试验区

被上诉人（原审被告）：山西翔宇化工有限公司破产管理人（简称"翔宇公司"），住所地：山西省运城市

被上诉人（原审被告）：运城晋腾化学科技有限公司（简称"晋腾公司"），住所地：山西省运城市

被上诉人（原审被告）：陈永刚，住所地：山西省运城市

原告圣奥公司向江苏省高级人民法院（简称"江苏高院"）提起侵害技术秘密纠纷诉讼，诉称翔宇公司、晋腾公司、陈永刚构成共同侵权，共同实施、使用涉案技术秘密的侵权行为。

翔宇公司、晋腾公司共同提出管辖权异议，主要理由为山西省临猗县人民法院

作出（2019）晋 0821 破 1 号民事裁定，受理翔宇公司的破产清算申请，本案应由受理翔宇公司破产申请的山西省临猗县人民法院管辖。

江苏高院作出裁定，认为人民法院受理破产申请后，有关债务人的民事诉讼，只能向受理破产申请的人民法院提起。因山西省临猗县人民法院已裁定受理翔宇公司破产清算申请，本案应由受理其破产申请的山西省临猗县人民法院审理。据此，裁定移送山西省临猗县人民法院审理。

圣奥公司不服，向最高人民法院提起上诉。

最高人民法院作出裁定，认为翔宇公司进入破产清算程序影响本案管辖权的确定。在翔宇公司作为本案被告的情况下，本案应移送山西省临猗县人民法院管辖。但又因圣奥公司已撤回对翔宇公司的起诉，翔宇公司进入破产清算程序不再影响本案管辖权的确定。又因陈永刚与案外人的窃取技术秘密的行为发生在江苏省泰州市，且窃取技术秘密行为的实施地与结果地重合，故江苏省是本案共同侵权人被诉侵权行为实施地和被诉侵权行为结果地之一，原审法院对本案具有管辖权。最终，撤销一审裁定，指定一审法院继续审理本案。

【裁判理由】

管辖权的确定是人民法院可以依职权调查的程序性事项，对于影响确定案件管辖的事实，人民法院可以依职权主动调查，当事人也可以在起诉后予以补充。

确定案件管辖原则上以起诉时为准，起诉时对案件具有管辖权的人民法院，不因确定管辖的事实在诉讼过程中发生变化而影响其管辖权，此所谓管辖权恒定原则。

第十一章　滥用管辖权裁判要旨及解析

管辖依据

《中华人民共和国民事诉讼法》(2021年修正):

第十三条　民事诉讼应当遵循诚实信用原则。

第一百一十五条　对个人的罚款金额,为人民币十万元以下。对单位的罚款金额,为人民币五万元以上一百万元以下。

拘留的期限,为十五日以下。

被拘留的人,由人民法院交公安机关看管。在拘留期间,被拘留人承认并改正错误的,人民法院可以决定提前解除拘留。

第一百一十六条　拘传、罚款、拘留必须经院长批准。

拘传应当发拘传票。罚款、拘留应当用决定书。

对决定不服的,可以向上一级人民法院申请复议一次。复议期间不停止执行。

案件索引

1. 北京新元美达国际贸易有限公司与达利(中国)有限公司确认合同无效纠纷[北京知识产权法院(2016)京73民辖终29号]

2. 刘向东与深圳市乐时购贸易有限公司、北京京东叁佰陆拾度电子商务有限公司侵害外观设计专利权纠纷[北京知识产权法院(2016)京73民初182号]

裁判要旨

1. 滥用管辖的行为不仅增加了当事人的诉累,而且浪费了宝贵的司法资源,还有可能伤及社会公共利益。

2. 提出管辖权异议,是法律赋予当事人的合法诉讼权利,应予保障。但当事人在行使诉讼权利的同时,应体现出对法律的敬畏和对司法的尊重,不得草率、不负责任依据完全无关的法律规定提出。

裁定书摘要

1. 北京新元美达国际贸易有限公司与达利（中国）有限公司确认合同无效纠纷二审民事裁定书

审理法院：北京知识产权法院

案　　　号：（2016）京 73 民辖终 29 号

案　　　由：确认合同无效纠纷

【基本案情】

上诉人（原审被告）：北京新元美达国际贸易有限公司（简称"新元美达公司"），住所地：北京市朝阳区

被上诉人（原审原告）：达利（中国）有限公司（简称"达利公司"），住所地：浙江省杭州市萧山区

原告达利公司向北京市朝阳区人民法院（简称"朝阳法院"）提起确认合同无效纠纷诉讼。

被告新元美达公司提出管辖权异议，认为本案属于商标民事纠纷，应当由中级以上人民法院管辖，请求移送至北京市第三中级人民法院审理。

朝阳法院作出裁定，认为知识产权法院所在市辖区内的第一审知识产权民事案件，由基层人民法院管辖，不受诉讼标的额的限制。新元美达公司住所地位于一审法院辖区内，依法对本案享有管辖权，驳回新元美达公司所提出的管辖权异议申请。

新元公司不服，向北京知识产权法院（简称"北知院"）提起上诉。

北知院作出裁定，认为一审法院对商标民事纠纷享有一审管辖权，裁定驳回新元公司提出的上诉。同时指出，本案上诉人有两位律师作为代理人，却在两审过程中一再请求将本案移送至无管辖权的北京市第三中级人民法院审理，此举令人费解。而且，强调其行为不仅增加了对方当事人的诉累，而且浪费了宝贵的司法资源，还有可能伤及社会公共利益。

2. 刘向东与深圳市乐时购贸易有限公司、北京京东叁佰陆拾度电子商务有限公司侵害外观设计专利权纠纷一审民事裁定书

审理法院：北京知识产权法院

案　　　号：（2016）京 73 民初 182 号
案　　　由：侵害外观设计专利权纠纷

【基本案情】

原告：刘向东，住所地：安徽省宿州市

被告：北京京东叁佰陆拾度电子商务有限公司（简称"京东叁佰陆拾度公司"），住所地：北京市北京经济技术开发区

被告：深圳市乐时购贸易有限公司（简称"乐时购公司"），住所地：广东省深圳市

被告：深圳市忆森科技有限公司（简称"忆森公司"），住所地：广东省深圳市

原告刘向东向北京知识产权法院（简称"北知院"）提起侵害外观设计专利权纠纷诉讼，诉称乐时购公司通过京东叁佰陆拾度公司经营的京东商城上销售被诉侵权产品，且该被诉侵权产品上附有忆森公司的商标，要求停止侵权及承担经济赔偿。

被告乐时购公司提出管辖权异议，主要理由出于诉讼便利原则考虑，请求移送至其住所地人民法院深圳市中级人民法院审理。

北知院作出裁定，认为各被告住所地法院对本案均有管辖权，且被告京东叁佰陆拾度公司的住所地位于北京市，属于该院辖区范围，对本案具有管辖权，并驳回被告乐时购公司提出的管辖权异议申请。另外，该院也重点强调，根据法律规定提出管辖权异议，是法律赋予当事人的合法诉讼权利，应予保障。但当事人在行使诉讼权利的同时，应体现出对法律的敬畏和对司法的尊重。本案被告乐时购公司在聘请专业律师作为委托代理人参加诉讼的情况下，却依据完全无关的法律规定提出管辖权异议申请，明显是草率的、不负责任的。

第十二章　因恶意提起知识产权诉讼损害责任纠纷管辖裁判要旨及解析

管辖依据

《中华人民共和国民事诉讼法》(2021 年修正)：

第二十九条　因侵权行为提起的诉讼，由侵权行为地或者被告住所地人民法院管辖。

《最高人民法院关于适用〈中华人民共和国民事诉讼法〉的解释》(2020 年修正)：

第二十四条　民事诉讼法第二十八条规定的侵权行为地，包括侵权行为实施地、侵权结果发生地。

案件索引

1. 深圳飞骧科技有限公司与广州慧智微电子有限公司因恶意提起知识产权诉讼损害责任纠纷[最高人民法院(2020)最高法知民辖终 306 号]

2. 上海思立微电子科技有限公司与深圳市汇顶科技股份有限公司因恶意提起知识产权诉讼损害责任纠纷[最高人民法院(2019)最高法知民辖终 282 号]

裁判要旨

1. 因恶意提起知识产权诉讼损害责任纠纷，本质上属于侵权纠纷。在级别管辖上虽然尚无法律或者司法解释的明确规定，但应当符合知识产权案件的一般管辖规定。对于涉及专利等特殊类型知识产权的案件，为确保案件审理的顺利进行，一般宜由具有特殊知识产权案件管辖权的法院管辖。

2. 因专利侵权之诉引发的恶意提起知识产权诉讼损害责任纠纷，其诉讼标的系权利人向人民法院提起的专利侵权之诉是否为恶意以及权利人是否因此承担相应民事责任，侵权行为实施地应限定为专利侵权之诉管辖法院所在地，侵权结果发生地原则上理解为系争专利侵权诉讼的裁判地为妥，即侵权结果发生地与侵权行为实施地通常是重合的，均为系争专利侵权诉讼管辖法院所在地。

裁定书摘要

1. 深圳飞骧科技有限公司与广州慧智微电子有限公司因恶意提起知识产权诉讼损害责任纠纷二审民事裁定书

审理法院：最高人民法院
案　　　号：(2020)最高法知民辖终306号
案　　　由：因恶意提起知识产权诉讼损害责任纠纷

【基本案情】

上诉人(原审被告)：深圳飞骧科技有限公司(简称"飞骧公司")，住所地：广东省深圳市南山区

被上诉人(原审原告)：广州慧智微电子有限公司(简称"慧智微公司")，住所地：广东省广州高新技术产业开发区

原告慧智微公司向广州知识产权法院(简称"广知院")提起因恶意提起知识产权诉讼损害责任纠纷诉讼，诉称飞骧公司被诉恶意提起知识产权诉讼的行为分别向广州知识产权法院和深圳市中级人民法院以慧智微公司涉嫌侵犯其专利为由提起专利侵权诉讼，并向社会公众及慧智微公司客户大肆宣传和传播片面和误导性信息，致使慧智微公司遭受巨大的经济损失和商誉损害，要求其承担因恶意提起知识产权诉讼的侵权责任。

被告飞骧公司提出管辖权异议，主要理由为本案本质上属于侵害名誉权及不正当竞争纠纷，不属于广知院的管辖范围，应由广东省深圳市南山区人民法院管辖。

广知院作出裁定，认为飞骧公司被诉恶意提起知识产权诉讼的侵权行为实施地分别位于广州市和深圳市，广州市作为侵权行为实施地之一，其依法享有管辖权，并驳回飞骧公司提出的管辖权异议申请。

飞骧公司不服，向最高人民法院提起上诉。

最高人民法院作出裁定，认为因恶意提起知识产权诉讼损害责任纠纷，本质上属于侵权纠纷。飞骧公司被诉恶意提起知识产权诉讼的侵权行为实施地分别位于广州市和深圳市，故一审法院依法享有管辖权，并驳回上诉，维持一审裁定。

【裁判理由】

因恶意提起知识产权诉讼损害责任纠纷，本质上属于侵权纠纷。因侵权行为提

起的诉讼，由侵权行为地或者被告住所地法院管辖，侵权行为地包括侵权行为实施地和侵权结果发生地。

因恶意提起知识产权诉讼损害责任纠纷的级别管辖，虽然尚无法律或者司法解释的明确规定，但应当符合知识产权案件的一般管辖规定。对于涉及专利等特殊类型知识产权的案件，为确保案件审理的顺利进行，一般宜由具有特殊知识产权案件管辖权的法院管辖。

2. 上海思立微电子科技有限公司与深圳市汇顶科技股份有限公司因恶意提起知识产权诉讼损害责任纠纷二审民事裁定书

审理法院：最高人民法院
案　　号：(2019)最高法知民辖终 282 号
案　　由：因恶意提起知识产权诉讼损害责任纠纷

【基本案情】

上诉人(原审原告)：上海思立微电子科技有限公司(简称"思立微公司")，住所地：中国(上海)自由贸易试验区

被上诉人(原审被告)：深圳市汇顶科技股份有限公司(简称"汇顶公司")，住所地：广东省深圳市福田区

原告思立微公司向北京知识产权法院(简称"北知院")提起因恶意提起知识产权诉讼损害责任纠纷诉讼，诉称汇顶公司恶意以思立微公司侵害其发明和实用新型专利权为由向深圳市中级人民法院提起诉讼以及在起诉后利用诉讼材料向北京市证监局和证监会举报，构成恶意诉讼。

被告汇顶公司提出管辖权异议，主要理由为汇顶公司的住所地和被控侵权行为地为广东省深圳市，北知院对本案不具有管辖权，应移送深圳市中级人民法院管辖。

北知院作出裁定，认为本案被控的侵权行为系汇顶公司提起涉案诉讼行为，被控的侵权行为和被告住所地均位于广东省深圳市，北京市并非本案侵权结果发生地，并裁定移送深圳市中级人民法院管辖。

思立微公司不服，向最高人民法院提起上诉。

最高人民法院作出裁定，认为对于以专利侵权之诉为由提起的恶意知识产权诉讼损害责任纠纷，其侵权行为实施地应限定为专利侵权之诉管辖法院所在地，不宜将与之关联的其他非诉行为的实施地作为此类案件的侵权行为实施地。因此，汇顶公司向证监会和北京证监局举报的举报地不能视为侵权结果发生地。一审法院对本案不享有管辖权，并维持一审裁定，驳回上诉。

【裁判理由】

因恶意提起知识产权诉讼损害责任纠纷，属民事侵权责任纠纷。对于以专利侵权之诉为由提起的恶意知识产权诉讼损害责任纠纷，其侵权行为实施地应限定为专利侵权之诉管辖法院所在地，不宜将与之关联的其他非诉行为的实施地作为此类案件的侵权行为实施地，无论最终是否可据此非诉行为认定恶意与否。

对于以专利侵权之诉为由提起的恶意知识产权诉讼损害责任纠纷，从管辖角度看，其侵权结果发生地原则上理解为系争专利侵权诉讼的裁判地为妥，不宜包括其他非诉行为地。换言之，此类案件的侵权结果发生地与侵权行为实施地通常是重合的，均为系争专利侵权诉讼管辖法院所在地。

第三编

基层、中级及高级人民法院管辖第一审知识产权民事、行政案件标准

第一章　基层人民法院管辖第一审知识产权民事、行政案件标准

（来源于《最高人民法院关于印发基层人民法院管辖第一审知识产权民事、行政案件标准的通知》【法〔2022〕109号】）

说明：

1. 本书所称的一般知识产权民事、行政案件指涉著作权、商标权、域名、不正当竞争、特许经营合同等权属、侵权类民事、行政案件。

2. 基层人民法院管辖第一审知识产权民事、行政案件的范围，包括《最高人民法院关于第一审知识产权民事、行政案件管辖的若干规定》第一条、第二条规定之外的一般知识产权民事、行政案件。

地区	民事案件诉讼标的额（不含本数）	基层人民法院	管辖区域
北京市	不受诉讼标的额限制	北京市东城区人民法院	东城区、通州区、顺义区、怀柔区、平谷区、密云区
		北京市西城区人民法院	西城区、大兴区
		北京市朝阳区人民法院	朝阳区
		北京市海淀区人民法院	海淀区
		北京市丰台区人民法院	丰台区、房山区
		北京市石景山区人民法院	石景山区、门头沟区、昌平区、延庆区
天津市	500万元以下	天津市滨海新区人民法院	滨海新区、东丽区、宁河区
		天津市和平区人民法院	和平区、南开区、红桥区、西青区、武清区、宝坻区、蓟州区
		天津市河西区人民法院	河东区、河西区、河北区、津南区、北辰区、静海区

续表

地区	民事案件诉讼标的额（不含本数）	基层人民法院	管辖区域
河北省	100万元以下	石家庄高新技术产业开发区人民法院	石家庄高新技术产业开发区、长安区、裕华区、栾城区、藁城区、新乐市、晋州市、深泽县、灵寿县、行唐县、赵县、辛集市
		石家庄铁路运输法院	新华区、桥西区、鹿泉区、正定县、井陉县、井陉矿区、赞皇县、平山县、高邑县、元氏县、无极县
		唐山高新技术产业开发区人民法院	唐山市
		秦皇岛市山海关区人民法院	秦皇岛市
		邯郸市永年区人民法院	永年区、复兴区、丛台区、涉县、武安市、广平县、曲周县、鸡泽县、邱县、馆陶县
		邯郸经济技术开发区人民法院	邯郸经济技术开发区、冀南新区、峰峰矿区、邯山区、肥乡区、磁县、成安县、临漳县、魏县、大名县
		邢台经济开发区人民法院	邢台市
		保定高新技术产业开发区人民法院	保定市及定州市
		张家口市桥东区人民法院	张家口市
		承德市双滦区人民法院	承德市
		沧州市新华区人民法院	沧州市
		廊坊市安次区人民法院	廊坊市
		衡水市桃城区人民法院	衡水市
		容城县人民法院	雄安新区

续表

地区	民事案件诉讼标的额(不含本数)	基层人民法院	管辖区域
山西省	100万元以下	山西转型综合改革示范区人民法院	山西转型综合改革示范区
		太原市杏花岭区人民法院	太原市
		大同市云冈区人民法院	大同市
		阳泉市郊区人民法院	阳泉市
		长治市潞州区人民法院	长治市
		晋中市太谷区人民法院	晋中市
		晋城市城区人民法院	晋城市
		朔州市朔城区人民法院	朔州市
		忻州市忻府区人民法院	忻州市
		汾阳市人民法院	吕梁市
		临汾市尧都区人民法院	临汾市
		运城市盐湖区人民法院	运城市
内蒙古自治区	100万元以下	呼和浩特市新城区人民法院	呼和浩特市
		包头市石拐区人民法院	包头市
		乌海市乌达区人民法院	乌海市
		赤峰市红山区人民法院	赤峰市
		通辽市科尔沁区人民法院	通辽市
		鄂尔多斯市康巴什区人民法院	鄂尔多斯市
		呼伦贝尔市海拉尔区人民法院	呼伦贝尔市
		巴彦淖尔市临河区人民法院	巴彦淖尔市
		乌兰察布市集宁区人民法院	乌兰察布市
		乌兰浩特市人民法院	兴安盟
		锡林浩特市人民法院	锡林郭勒盟
		阿拉善左旗人民法院	阿拉善盟

续表

地区	民事案件诉讼标的额(不含本数)	基层人民法院	管辖区域
辽宁省	100万元以下	沈阳高新技术产业开发区人民法院	沈阳市
		大连市西岗区人民法院	大连市[中国(辽宁)自由贸易试验区大连片区除外]
		大连经济技术开发区人民法院	中国(辽宁)自由贸易试验区大连片区
		鞍山市千山区人民法院	鞍山市
		抚顺市东洲区人民法院	抚顺市
		本溪市平山区人民法院	本溪市
		丹东市振安区人民法院	丹东市
		锦州市古塔区人民法院	锦州市
		营口市西市区人民法院	营口市
		阜新市海州区人民法院	阜新市
		辽阳市太子河区人民法院	辽阳市
		铁岭市银州区人民法院	铁岭市
		朝阳市龙城区人民法院	朝阳市
		盘山县人民法院	盘锦市
		兴城市人民法院	葫芦岛市
吉林省	100万元以下	长春新区人民法院	长春市
		吉林市船营区人民法院	吉林市
		四平市铁西区人民法院	四平市
		辽源市龙山区人民法院	辽源市
		梅河口市人民法院	通化市
		白山市浑江区人民法院	白山市
		松原市宁江区人民法院	松原市
		白城市洮北区人民法院	白城市

续表

地区	民事案件诉讼标的额（不含本数）	基层人民法院	管辖区域
		珲春市人民法院	延边朝鲜族自治州
		珲春林区基层法院	延边林区中级法院辖区
		临江林区基层法院	长春林区中级法院辖区
黑龙江省	100万元以下	哈尔滨市南岗区人民法院	南岗区、香坊区、阿城区、呼兰区、五常市、巴彦县、木兰县、通河县
		哈尔滨市道里区人民法院	道里区、道外区、双城区、尚志市、宾县、依兰县、延寿县、方正县
		哈尔滨市松北区人民法院	松北区、平房区
		齐齐哈尔市铁锋区人民法院	齐齐哈尔市
		牡丹江市东安区人民法院	牡丹江市
		佳木斯市向阳区人民法院	佳木斯市
		大庆高新技术产业开发区人民法院	大庆市
		鸡西市鸡冠区人民法院	鸡西市
		鹤岗市南山区人民法院	鹤岗市
		双鸭山市岭东区人民法院	双鸭山市
		伊春市伊美区人民法院	伊春市
		七台河市桃山区人民法院	七台河市
		黑河市爱辉区人民法院	黑河市
		海伦市人民法院	绥化市
		大兴安岭地区加格达奇区人民法院	大兴安岭地区
		绥北人民法院	农垦中级法院辖区

续表

地区	民事案件诉讼标的额(不含本数)	基层人民法院	管辖区域
上海市	不受诉讼标的额限制	上海市浦东新区人民法院	各自辖区
		上海市徐汇区人民法院	
		上海市长宁区人民法院	
		上海市闵行区人民法院	
		上海市金山区人民法院	
		上海市松江区人民法院	
		上海市奉贤区人民法院	
		上海市黄浦区人民法院	
		上海市杨浦区人民法院	
		上海市虹口区人民法院	
		上海市静安区人民法院	
		上海市普陀区人民法院	
		上海市宝山区人民法院	
		上海市嘉定区人民法院	
		上海市青浦区人民法院	
		上海市崇明区人民法院	
江苏省	500万元以下	南京市玄武区人民法院	玄武区、栖霞区
		南京市秦淮区人民法院	秦淮区
		南京市建邺区人民法院	建邺区
		南京市雨花台区人民法院	雨花台区
		南京市江宁区人民法院	江宁区(秣陵街道及禄口街道除外)
		江宁经济技术开发区人民法院	江宁区秣陵街道及禄口街道、溧水区、高淳区
		南京江北新区人民法院	南京江北新区、鼓楼区、浦口区、六合区

续表

地区	民事案件诉讼标的额（不含本数）	基层人民法院	管辖区域
江苏省	500万元以下	江阴市人民法院	江阴市
		宜兴市人民法院	宜兴市
		无锡市惠山区人民法院	惠山区
		无锡市滨湖区人民法院	滨湖区、梁溪区
		无锡市新吴区人民法院	新吴区、锡山区
		徐州市鼓楼区人民法院	鼓楼区、丰县、沛县
		徐州市铜山区人民法院	铜山区、泉山区
		睢宁县人民法院	睢宁县、邳州市
		新沂市人民法院	新沂市
		徐州经济技术开发区人民法院	云龙区、贾汪区、徐州经济技术开发区
		常州市天宁区人民法院	天宁区
		常州市钟楼区人民法院	钟楼区
		常州高新技术产业开发区人民法院	新北区
		常州市武进区人民法院	武进区
		常州市金坛区人民法院	金坛区
		溧阳市人民法院	溧阳市
		常州经济开发区人民法院	常州经济开发区
		张家港市人民法院	张家港市
		常熟市人民法院	常熟市
		太仓市人民法院	太仓市
		昆山市人民法院	昆山市
		苏州市吴江区人民法院	吴江区
		苏州市相城区人民法院	相城区
		苏州工业园区人民法院	苏州工业园区、吴中区

地区	民事案件诉讼标的额（不含本数）	基层人民法院	管辖区域
江苏省	500万元以下	苏州市虎丘区人民法院	虎丘区、姑苏区
		南通通州湾江海联动开发示范区人民法院	崇川区、通州区、海门区、海安市、如东县、启东市、如皋市、南通经济技术开发区、通州湾江海联动开发示范区
		连云港市连云区人民法院	连云区、海州区、赣榆区
		连云港经济技术开发区人民法院	东海县、灌云县、灌南县、连云港经济技术开发区
		淮安市淮安人民法院	淮安区、洪泽区、盱眙县、金湖县
		淮安市淮阴区人民法院	淮阴区、清江浦区、涟水县、淮安经济技术开发区
		盐城市亭湖区人民法院	亭湖区、建湖县、盐城经济技术开发区
		射阳县人民法院	响水县、滨海县、阜宁县、射阳县
		盐城市大丰区人民法院	盐都区、大丰区、东台市
		扬州市广陵区人民法院	广陵区、江都区、扬州经济技术开发区、扬州市生态科技新城、扬州市蜀冈—瘦西湖风景名胜区
		仪征市人民法院	邗江区、仪征市
		高邮市人民法院	宝应县、高邮市
		镇江市京口区人民法院	京口区、润州区
		丹阳市人民法院	丹阳市、句容市
		镇江经济开发区人民法院	丹徒区、扬中市、镇江经济技术开发区
		靖江市人民法院	姜堰区、靖江市、泰兴市
		泰州医药高新技术产业开发区人民法院	海陵区、泰州医药高新技术产业开发区（高港区）、兴化市
		沭阳县人民法院	沭阳县、泗阳县
		宿迁市宿城区人民法院	宿城区、宿豫区、泗洪县

续表

地区	民事案件诉讼标的额(不含本数)	基层人民法院	管辖区域
浙江省	500万元以下	杭州市拱墅区人民法院	拱墅区
		杭州市西湖区人民法院	西湖区
		杭州市滨江区人民法院	滨江区
		杭州市萧山区人民法院	萧山区
		杭州市余杭区人民法院	余杭区
		杭州市临平区人民法院	临平区
		杭州市钱塘区人民法院	钱塘区
		杭州铁路运输法院	上城区、富阳区、临安区、建德市、桐庐县、淳安县
		宁波市海曙区人民法院	海曙区、江北区
		宁波市北仑区人民法院	北仑区
		宁波市镇海区人民法院	镇海区
		宁波市鄞州区人民法院	鄞州区、象山县、宁波高新技术产业开发区
		宁波市奉化区人民法院	奉化区、宁海县
		余姚市人民法院	余姚市
		慈溪市人民法院	慈溪市
		温州市鹿城区人民法院	鹿城区
		温州市瓯海区人民法院	龙湾区、瓯海区
		瑞安市人民法院	瑞安市、龙港市、平阳县、苍南县、文成县、泰顺县
		乐清市人民法院	洞头区、乐清市、永嘉县
		湖州市吴兴区人民法院	吴兴区、南浔区
		德清县人民法院	德清县
		长兴县人民法院	长兴县

续表

地区	民事案件诉讼标的额（不含本数）	基层人民法院	管辖区域
浙江省	500万元以下	安吉县人民法院	安吉县
		嘉兴市南湖区人民法院	南湖区、平湖市、嘉善县、海盐县
		嘉兴市秀洲区人民法院	秀洲区
		海宁市人民法院	海宁市
		桐乡市人民法院	桐乡市
		绍兴市柯桥区人民法院	越城区、柯桥区
		绍兴市上虞区人民法院	上虞区
		诸暨市人民法院	诸暨市
		嵊州市人民法院	嵊州市
		新昌县人民法院	新昌县
		金华市婺城区人民法院	婺城区、武义县
		金华市金东区人民法院	金东区、兰溪市、浦江县
		义乌市人民法院	义乌市
		东阳市人民法院	东阳市、磐安县
		永康市人民法院	永康市
		衢州市衢江区人民法院	柯城区、衢江区、龙游县
		江山市人民法院	江山市、常山县、开化县
		舟山市普陀区人民法院	定海区、普陀区、岱山县、嵊泗县
		台州市椒江区人民法院	椒江区、黄岩区、路桥区
		温岭市人民法院	温岭市
		临海市人民法院	临海市
		玉环市人民法院	玉环市
		天台县人民法院	三门县、天台县、仙居县
		丽水市莲都区人民法院	莲都区、青田县、缙云县
		云和县人民法院	龙泉市、遂昌县、松阳县、云和县、庆元县、景宁畲族自治县

续表

地区	民事案件诉讼标的额（不含本数）	基层人民法院	管辖区域
安徽省	100万元以下	合肥高新技术开发区人民法院	合肥市
		濉溪县人民法院	淮北市
		利辛县人民法院	亳州市
		灵璧县人民法院	宿州市
		蚌埠市禹会区人民法院	蚌埠市
		阜阳市颍东区人民法院	阜阳市
		淮南市大通区人民法院	淮南市
		滁州市南谯区人民法院	滁州市
		六安市裕安区人民法院	六安市
		马鞍山市花山区人民法院	马鞍山市
		芜湖经济技术开发区人民法院	芜湖市
		宁国市人民法院	宣城市
		铜陵市义安区人民法院	铜陵市
		池州市贵池区人民法院	池州市
		安庆市迎江区人民法院	安庆市
		黄山市徽州区人民法院	黄山市
福建省	100万元以下	福州市鼓楼区人民法院	鼓楼区、台江区、仓山区、晋安区
		福州市马尾区人民法院	马尾区、长乐区、连江县、罗源县
		福清市人民法院	福清市、闽侯县、闽清县、永泰县
		平潭综合实验区人民法院	平潭综合实验区
		厦门市思明区人民法院	思明区
		厦门市湖里区人民法院	湖里区、中国（福建）自由贸易试验区厦门片区
		厦门市集美区人民法院	集美区、同安区、翔安区
		厦门市海沧区人民法院	海沧区［中国（福建）自由贸易试验区厦门片区除外］

续表

地区	民事案件诉讼标的额（不含本数）	基层人民法院	管辖区域
福建省	100万元以下	漳州市长泰区人民法院	芗城区、龙文区、龙海区、长泰区、南靖县、华安县
		漳浦县人民法院	漳浦县、云霄县、诏安县、东山县、平和县
		泉州市洛江区人民法院	鲤城区、丰泽区、洛江区、泉州经济技术开发区
		泉州市泉港区人民法院	泉港区、惠安县、泉州台商投资区
		晋江市人民法院	晋江市
		石狮市人民法院	石狮市
		南安市人民法院	南安市
		德化县人民法院	安溪县、永春县、德化县
		三明市沙县区人民法院	三元区、沙县区、建宁县、泰宁县、将乐县、尤溪县
		明溪县人民法院	永安市、明溪县、清流县、宁化县、大田县
		莆田市城厢区人民法院	城厢区、秀屿区
		莆田市涵江区人民法院	荔城区、涵江区
		仙游县人民法院	仙游县
		南平市延平区人民法院	延平区、建瓯市、顺昌县、政和县
		武夷山市人民法院	建阳区、邵武市、武夷山市、浦城县、光泽县、松溪县
		龙岩市新罗区人民法院	新罗区、永定区、漳平市
		连城县人民法院	上杭县、武平县、长汀县、连城县
		宁德市蕉城区人民法院	蕉城区、东侨经济技术开发区、古田县、屏南县、周宁县、寿宁县
		福鼎市人民法院	福安市、柘荣县、福鼎市、霞浦县

续表

地区	民事案件诉讼标的额（不含本数）	基层人民法院	管辖区域
江西省	100万元以下	南昌高新技术产业开发区人民法院	东湖区、青云谱区、青山湖区、红谷滩区、南昌高新技术产业开发区
		南昌经济技术开发区人民法院	南昌县、进贤县、安义县、西湖区、新建区、南昌经济技术开发区
		九江市濂溪区人民法院	九江市
		景德镇市珠山区人民法院	景德镇市
		芦溪县人民法院	萍乡市
		新余市渝水区人民法院	新余市
		鹰潭市月湖区人民法院	鹰潭市
		赣州市章贡区人民法院	赣州市
		万载县人民法院	宜春市
		上饶市广信区人民法院	上饶市
		吉安市吉州区人民法院	吉安市
		宜黄县人民法院	抚州市
山东省	100万元以下	济南市历下区人民法院	历下区、槐荫区
		济南市市中区人民法院	市中区、历城区
		济南市天桥区人民法院	天桥区、济阳区、商河县
		济南市长清区人民法院	长清区、平阴县
		济南市章丘区人民法院	章丘区、济南高新技术产业开发区
		济南市莱芜区人民法院	莱芜区、钢城区
		青岛市市南区人民法院	市南区、市北区
		青岛市黄岛区人民法院	黄岛区
		青岛市崂山区人民法院	崂山区
		青岛市李沧区人民法院	李沧区、城阳区
		青岛市即墨区人民法院	即墨区、莱西市

续表

地区	民事案件诉讼标的额(不含本数)	基层人民法院	管辖区域
山东省	100 万元以下	胶州市人民法院	胶州市、平度市
		淄博市周村区人民法院	张店区、周村区、淄博高新技术产业开发区
		沂源县人民法院	淄川区、博山区、临淄区、桓台县、高青县、沂源县
		枣庄市市中区人民法院	市中区、峄城区、台儿庄区
		滕州市人民法院	薛城区、山亭区、滕州市
		东营市垦利区人民法院	东营市
		烟台市芝罘区人民法院	芝罘区
		招远市人民法院	龙口市、莱州市、招远市、栖霞市
		烟台经济技术开发区人民法院	蓬莱区、烟台经济技术开发区
		烟台高新技术产业开发区人民法院	福山区、牟平区、莱山区、莱阳市、海阳市、烟台高新技术产业开发区
		潍坊市潍城区人民法院	潍城区、坊子区、诸城市、安丘市
		潍坊市奎文区人民法院	寒亭区、奎文区、高密市、昌邑市、潍坊高新技术产业开发区、潍坊滨海经济技术开发区
		寿光市人民法院	青州市、寿光市、临朐县、昌乐县
		曲阜市人民法院	曲阜市、邹城市、微山县、泗水县
		嘉祥县人民法院	鱼台县、金乡县、嘉祥县、汶上县、梁山县
		济宁高新技术产业开发区人民法院	任城区、兖州区、济宁高新技术产业开发区
		泰安高新技术产业开发区人民法院	泰安市

续表

地区	民事案件诉讼标的额（不含本数）	基层人民法院	管辖区域
山东省	100万元以下	威海市环翠区人民法院	威海市
		日照市东港区人民法院	日照市
		临沂市兰山区人民法院	兰山区
		临沂市罗庄区人民法院	罗庄区、兰陵县、临沂高新技术产业开发区
		临沂市河东区人民法院	河东区、郯城县、沂水县、莒南县、临沭县、临沂经济技术开发区
		费县人民法院	沂南县、费县、平邑县、蒙阴县
		德州市德城区人民法院	德州市
		聊城市茌平区人民法院	东昌府区、茌平区
		临清市人民法院	临清市、阳谷县、莘县、东阿县、冠县、高唐县
		滨州经济技术开发区人民法院	滨州市
		成武县人民法院	定陶区、曹县、单县、成武县
		东明县人民法院	牡丹区、东明县
		菏泽经济开发区人民法院	巨野县、郓城县、鄄城县、菏泽经济开发区
河南省	500万元以下	郑州市管城回族区人民法院	管城回族区、金水区、中原区、惠济区、上街区、巩义市、荥阳市
		郑州航空港经济综合实验区人民法院	二七区、郑州高新技术产业开发区、郑州经济技术开发区、郑州航空港经济综合实验区、中牟县、新郑市、新密市、登封市
		开封市龙亭区人民法院	开封市
		洛阳市老城区人民法院	洛阳市

续表

地区	民事案件诉讼标的额（不含本数）	基层人民法院	管辖区域
河南省	500万元以下	平顶山市湛河区人民法院	平顶山市
		安阳市龙安区人民法院	安阳市
		鹤壁市山城区人民法院	鹤壁市
		新乡市卫滨区人民法院	新乡市
		修武县人民法院	焦作市
		清丰县人民法院	濮阳市
		许昌市魏都区人民法院	许昌市
		漯河市召陵区人民法院	漯河市
		三门峡市湖滨区人民法院	三门峡市
		南阳高新技术产业开发区人民法院	南阳市
		商丘市睢阳区人民法院	商丘市
		罗山县人民法院	信阳市
		扶沟县人民法院	周口市
		遂平县人民法院	驻马店市
		济源市人民法院	济源市
湖北省	500万元	武汉市江岸区人民法院	江岸区、黄陂区、新洲区
		武汉市江汉区人民法院	江汉区、硚口区、东西湖区
		武汉市洪山区人民法院	武昌区、青山区、洪山区
		武汉经济技术开发区人民法院	汉阳区、蔡甸区、汉南区、武汉经济技术开发区
		武汉东湖新技术开发区人民法院	江夏区、武汉东湖新技术开发区
		南漳县人民法院	枣阳市、宜城市、南漳县、保康县、谷城县、老河口市

续表

地区	民事案件诉讼标的额(不含本数)	基层人民法院	管辖区域
湖北省	500 万元	襄阳高新技术产业开发区人民法院	襄州区、襄城区、樊城区、襄阳高新技术产业开发区
		宜昌市三峡坝区人民法院	宜昌市、神农架林区
		大冶市人民法院	黄石市
		十堰市张湾区人民法院	十堰市
		荆州市荆州区人民法院	荆州区、沙市区、江陵县、监利市、洪湖市
		石首市人民法院	松滋市、公安县、石首市
		荆门市东宝区人民法院	荆门市
		鄂州市华容区人民法院	鄂州市
		孝感市孝南区人民法院	孝南区、汉川市、孝昌县
		安陆市人民法院	应城市、云梦县、安陆市、大悟县
		黄冈市黄州区人民法院	黄州区、浠水县、蕲春县、武穴市、黄梅县、龙感湖管理区
		麻城市人民法院	团风县、红安县、麻城市、罗田县、英山县
		通城县人民法院	咸宁市
		随县人民法院	随州市
		宣恩县人民法院	恩施土家族苗族自治州
		天门市人民法院	仙桃市、天门市、潜江市
湖南省	100 万元以下	长沙市天心区人民法院	天心区、雨花区
		长沙市岳麓区人民法院	岳麓区、望城区
		长沙市开福区人民法院	开福区、芙蓉区
		长沙县人民法院	长沙县
		浏阳市人民法院	浏阳市

续表

地区	民事案件诉讼标的额（不含本数）	基层人民法院	管辖区域
湖南省	100万元以下	宁乡市人民法院	宁乡市
		株洲市天元区人民法院	株洲市
		湘潭市岳塘区人民法院	湘潭市
		衡阳市雁峰区人民法院	衡阳市
		邵东市人民法院	邵阳市
		岳阳市岳阳楼区人民法院	岳阳市
		津市市人民法院	常德市
		张家界市永定区人民法院	张家界市
		益阳市资阳区人民法院	益阳市
		娄底市娄星区人民法院	娄底市
		郴州市苏仙区人民法院	郴州市
		祁阳市人民法院	永州市
		怀化市鹤城区人民法院	怀化市
		吉首市人民法院	湘西土家族苗族自治州
广东省	广州市、深圳市、佛山市、东莞市、中山市、珠海市、惠州市、肇庆市、江门市：1000万元以下；其他区域：500万元以下	广州市越秀区人民法院	各自辖区
		广州市海珠区人民法院	
		广州市荔湾区人民法院	
		广州市天河区人民法院	
		广州市白云区人民法院	
		广州市黄埔区人民法院	
		广州市花都区人民法院	
		广州市番禺区人民法院	
		广州市南沙区人民法院	
		广州市从化区人民法院	
		广州市增城区人民法院	

地区	民事案件诉讼标的额（不含本数）	基层人民法院	管辖区域
广东省	广州市、深圳市、佛山市、东莞市、中山市、珠海市、惠州市、肇庆市、江门市：1000万元以下；其他区域：500万元以下	深圳市福田区人民法院	各自辖区
		深圳市罗湖区人民法院	
		深圳市盐田区人民法院	
		深圳市南山区人民法院	
		深圳市宝安区人民法院	
		深圳市龙岗区人民法院	
		深圳前海合作区人民法院	
		深圳市龙华区人民法院	
		深圳市坪山区人民法院	
		深圳市光明区人民法院	
		深圳深汕特别合作区人民法院	
		佛山市禅城区人民法院	佛山市
		东莞市第一人民法院	各自辖区
		东莞市第二人民法院	
		东莞市第三人民法院	
		中山市第一人民法院	各自辖区
		中山市第二人民法院	
		珠海市香洲区人民法院	珠海市（横琴粤澳深度合作区除外）
		横琴粤澳深度合作区人民法院	横琴粤澳深度合作区
		惠州市惠城区人民法院	惠州市
		肇庆市端州区人民法院	肇庆市
		江门市江海区人民法院	江门市
		汕头市金平区人民法院	金平区、潮阳区、潮南区
		汕头市龙湖区人民法院	龙湖区、澄海区、濠江区、南澳县
		阳江市江城区人民法院	阳江市

续表

地区	民事案件诉讼标的额(不含本数)	基层人民法院	管辖区域
广东省	广州市、深圳市、佛山市、东莞市、中山市、珠海市、惠州市、肇庆市、江门市：1000万元以下；其他区域：500万元以下	清远市清城区人民法院	清远市
		揭阳市榕城区人民法院	揭阳市
		湛江市麻章区人民法院	湛江市
		茂名市电白区人民法院	茂名市
		梅州市梅县区人民法院	梅州市
		翁源县人民法院	韶关市
		潮州市潮安区人民法院	潮州市
		汕尾市城区人民法院	汕尾市
		东源县人民法院	河源市
		云浮市云安区人民法院	云浮市
广西壮族自治区	100万元以下	南宁市良庆区人民法院	南宁市
		柳州市柳江区人民法院	柳州市
		桂林市叠彩区人民法院	桂林市
		梧州市万秀区人民法院	梧州市
		北海市海城区人民法院	北海市
		防城港市防城区人民法院	防城港市
		钦州市钦北区人民法院	钦州市
		贵港市覃塘区人民法院	贵港市
		玉林市福绵区人民法院	玉林市
		百色市田阳区人民法院	百色市
		贺州市平桂区人民法院	贺州市
		河池市宜州区人民法院	河池市
		来宾市兴宾区人民法院	来宾市
		崇左市江州区人民法院	崇左市

续表

地区	民事案件诉讼标的额(不含本数)	基层人民法院	管辖区域
海南省	500万元以下	海口市琼山区人民法院	海口市、三沙市
		琼海市人民法院	海南省第一中级人民法院辖区
		儋州市人民法院	海南省第二中级人民法院辖区
		三亚市城郊人民法院	三亚市
重庆市	500万元以下	重庆两江新区人民法院(重庆自由贸易试验区人民法院)	重庆市第一中级人民法院辖区
		重庆市渝中区人民法院	重庆市第二中级人民法院、第三中级人民法院、第四中级人民法院、第五中级人民法院辖区
四川省	100万元以下	四川天府新区成都片区人民法院(四川自由贸易试验区人民法院)	四川天府新区成都直管区、中国(四川)自由贸易试验区成都天府新区片区及成都青白江铁路港片区、龙泉驿区、双流区、简阳市、蒲江县
		成都高新技术产业开发区人民法院	成都高新技术产业开发区、成华区、新津区,邛崃市
		成都市锦江区人民法院	锦江区、青羊区、青白江区、金堂县
		成都市武侯区人民法院	金牛区、武侯区、温江区、崇州市
		成都市郫都区人民法院	新都区、郫都区、都江堰市、彭州市、大邑县
		自贡市自流井区人民法院	自贡市
		攀枝花市东区人民法院	攀枝花市
		泸州市江阳区人民法院	泸州市
		广汉市人民法院	德阳市
		绵阳高新技术产业开发区人民法院	绵阳市

续表

地区	民事案件诉讼标的额（不含本数）	基层人民法院	管辖区域
四川省	100 万元以下	广元市利州区人民法院	广元市
		遂宁市船山区人民法院	遂宁市
		内江市市中区人民法院	内江市
		乐山市市中区人民法院	乐山市
		南充市顺庆区人民法院	南充市
		宜宾市翠屏区人民法院	宜宾市
		华蓥市人民法院	广安市
		达州市通川区人民法院	达州市
		巴中市巴州区人民法院	巴中市
		雅安市雨城区人民法院	雅安市
		仁寿县人民法院	眉山市
		资阳市雁江区人民法院	资阳市
		马尔康市人民法院	阿坝藏族羌族自治州
		康定市人民法院	甘孜藏族自治州
		西昌市人民法院	凉山彝族自治州
贵州省	100 万元以下	修文县人民法院	贵阳市
		六盘水市钟山区人民法院	六盘水市
		遵义市播州区人民法院	遵义市
		铜仁市碧江区人民法院	铜仁市
		兴义市人民法院	黔西南布依族苗族自治州
		毕节市七星关区人民法院	毕节市
		安顺市平坝区人民法院	安顺市
		凯里市人民法院	黔东南苗族侗族自治州
		都匀市人民法院	黔南布依族苗族自治州

续表

地区	民事案件诉讼标的额(不含本数)	基层人民法院	管辖区域
云南省	100 万元以下	昆明市盘龙区人民法院	盘龙区、东川区、嵩明县、寻甸回族彝族自治县
		昆明市官渡区人民法院	呈贡区、官渡区、宜良县、石林彝族自治县
		安宁市人民法院	五华区、西山区、晋宁区、安宁市、富民县、禄劝彝族苗族自治县
		盐津县人民法院	昭通市
		曲靖市麒麟区人民法院	曲靖市
		玉溪市红塔区人民法院	玉溪市
		腾冲市人民法院	保山市
		禄丰市人民法院	楚雄彝族自治州
		开远市人民法院	红河哈尼族彝族自治州
		砚山县人民法院	文山壮族苗族自治州
		宁洱哈尼族彝族自治县人民法院	普洱市
		勐海县人民法院	西双版纳傣族自治州
		漾濞彝族自治县人民法院	大理白族自治州
		瑞丽市人民法院	德宏傣族景颇族自治州
		玉龙纳西族自治县人民法院	丽江市
		泸水市人民法院	怒江傈僳族自治州
		香格里拉市人民法院	迪庆藏族自治州
		双江拉祜族佤族布朗族傣族自治县人民法院	临沧市

地区	民事案件诉讼标的额(不含本数)	基层人民法院	管辖区域
西藏自治区	100万元以下	拉萨市城关区人民法院	拉萨市
		日喀则市桑珠孜区人民法院	日喀则市
		山南市乃东区人民法院	山南市
		林芝市巴宜区人民法院	林芝市
		昌都市卡若区人民法院	昌都市
		那曲市色尼区人民法院	那曲市
		噶尔县人民法院	阿里地区
陕西省	100万元以下	西安市新城区人民法院	新城区
		西安市碑林区人民法院	碑林区
		西安市莲湖区人民法院	莲湖区
		西安市雁塔区人民法院	雁塔区
		西安市未央区人民法院	未央区
		西安市灞桥区人民法院	灞桥区、阎良区、临潼区、高陵区
		西安市长安区人民法院	长安区、鄠邑区、周至县、蓝田县
		宝鸡市陈仓区人民法院	宝鸡市
		兴平市人民法院	咸阳市
		铜川市印台区人民法院	铜川市
		大荔县人民法院	渭南市
		延安市宝塔区人民法院	延安市
		榆林市榆阳区人民法院	榆林市
		汉中市南郑区人民法院	汉中市
		安康市汉滨区人民法院	安康市
		商洛市商州区人民法院	商洛市

地区	民事案件诉讼标的额（不含本数）	基层人民法院	管辖区域
甘肃省	100万元以下	兰州市城关区人民法院	城关区、七里河区、西固区、安宁区、红古区、榆中县
		兰州新区人民法院	兰州新区、永登县、皋兰县
		嘉峪关市城区人民法院	嘉峪关市
		永昌县人民法院	金昌市
		白银市白银区人民法院	白银市
		天水市秦州区人民法院	天水市
		玉门市人民法院	酒泉市
		张掖市甘州区人民法院	张掖市
		武威市凉州区人民法院	武威市
		定西市安定区人民法院	定西市
		两当县人民法院	陇南市
		平凉市崆峒区人民法院	平凉市
		庆阳市西峰区人民法院	庆阳市
		临夏县人民法院	临夏回族自治州
		夏河县人民法院	甘南藏族自治州
青海省	100万元以下	西宁市城东区人民法院	西宁市
		互助土族自治县人民法院	海东市
		德令哈市人民法院	海西蒙古族藏族自治州
		共和县人民法院	海南藏族自治州
		门源回族自治县人民法院	海北藏族自治州
		玉树市人民法院	玉树藏族自治州
		玛沁县人民法院	果洛藏族自治州
		尖扎县人民法院	黄南藏族自治州

续表

地区	民事案件诉讼标的额(不含本数)	基层人民法院	管辖区域
宁夏回族自治区	100万元以下	银川市西夏区人民法院	金凤区、西夏区、贺兰县
		灵武市人民法院	兴庆区、永宁县、灵武市
		石嘴山市大武口区人民法院	石嘴山市
		吴忠市利通区人民法院	吴忠市
		固原市原州区人民法院	固原市
		中卫市沙坡头区人民法院	中卫市
新疆维吾尔自治区	100万元以下	乌鲁木齐市天山区人民法院	天山区、沙依巴克区、达坂城区、乌鲁木齐县
		乌鲁木齐市新市区人民法院	乌鲁木齐高新技术产业开发区(新市区)、水磨沟区、乌鲁木齐经济技术开发区(头屯河区)、米东区
		克拉玛依市克拉玛依区人民法院	克拉玛依市
		吐鲁番市高昌区人民法院	吐鲁番市
		哈密市伊州区人民法院	哈密市
		昌吉市人民法院	昌吉回族自治州
		博乐市人民法院	博尔塔拉蒙古自治州
		库尔勒市人民法院	巴音郭楞蒙古自治州
		阿克苏市人民法院	阿克苏地区
		阿图什市人民法院	克孜勒苏柯尔克孜自治州
		喀什市人民法院	喀什地区
		和田市人民法院	和田地区
		伊宁市人民法院	伊犁哈萨克自治州直辖奎屯市、伊宁市、霍尔果斯市、伊宁县、霍城县、巩留县、新源县、昭苏县、特克斯县、尼勒克县、察布查尔锡伯自治县
		塔城市人民法院	塔城地区
		阿勒泰市人民法院	阿勒泰地区

续表

地区	民事案件诉讼标的额(不含本数)	基层人民法院	管辖区域
新疆生产建设兵团	100万元以下	阿拉尔市人民法院(阿拉尔垦区人民法院)	各自所属中级人民法院辖区
		铁门关市人民法院(库尔勒垦区人民法院)	
		图木舒克市人民法院(图木休克垦区人民法院)	
		可克达拉市人民法院(霍城垦区人民法院)	
		双河市人民法院(塔斯海垦区人民法院)	
		五家渠市人民法院(五家渠垦区人民法院)	
		车排子垦区人民法院	
		石河子市人民法院	
		额敏垦区人民法院	
		北屯市人民法院(北屯垦区人民法院)	
		乌鲁木齐垦区人民法院	
		哈密垦区人民法院	
		和田垦区人民法院	

第二章　互联网法院管辖第一审知识产权民事案件的标准

（截至 2023 年 5 月 1 日）

地区	民事案件诉讼标的额（不含本数）	基层人民法院	管辖区域	管辖第一审知识产权民事案件标准
北京市	不受标的额的限制	北京互联网法院	北京市	1. 在互联网上首次发表作品的著作权或者邻接权权属纠纷； 2. 在互联网上侵害在线发表或者传播作品的著作权或者邻接权而产生的纠纷； 3. 互联网域名权属、侵权及合同纠纷。
浙江省	500 万元以下	杭州互联网法院	杭州市	
广东省	1000 万元以下	广州互联网法院	广州市	

第三章 知识产权法院、中级及高级人民法院管辖第一审知识产权民事、行政案件的标准

（截至 2023 年 5 月 1 日）

备注："以上"包括本数，"以下"不包括本数。

说明：知识产权法院、中级及高级人民法院管辖第一审知识产权民事、行政案件的范围，详见《最高人民法院关于第一审知识产权民事、行政案件管辖的若干规定》第一条、第二条的规定。

（一）北京市

地区	二审法院	一审法院	管辖地域	管辖第一审知识产权案件标准
北京市		最高人民法院	全国	全国范围内重大、复杂的涉及发明专利、实用新型专利、植物新品种、集成电路布图设计、技术秘密、计算机软件、垄断纠纷的知识产权民事及行政案件； 最高人民法院认为应当由最高人民法院知识产权法庭审理的其他案件。
	最高人民法院	北京市高级人民法院	北京市	诉讼标的额在 2 亿元以上且当事人住所地均在本市的，以及 1 亿元以上且当事人一方住所地不在本市或者涉外、涉港澳台的实用新型、发明、植物新品种、集成电路布图设计、技术秘密、计算机软件、垄断纠纷的知识产权民事案件；

续表

地区	二审法院	一审法院	管辖地域	管辖第一审知识产权案件标准
北京市	北京市高级人民法院	北京知识产权法院	北京市	诉讼标的额在 50 亿元以上的外观设计专利、驰名商标认定的知识产权民事案件。
				诉讼标的额在 50 亿元以下的外观设计专利、驰名商标认定的知识产权民事案件； 涉及商标、著作权授权确权的知识产权行政案件。
	最高人民法院			诉讼标的额在 1 亿元以下且当事人一方住所地不在本辖区或者涉外、涉港澳台的，以及 2 亿元以下且当事人住所地均在本辖区的发明、实用新型、植物新品种、集成电路布图设计、技术秘密、计算机软件的权属、垄断纠纷等知识产权民事案件； 涉及专利、植物新品种、集成电路布图设计授权确权的知识产权行政案件。

（二）天津市

地区	二审法院	一审法院	管辖地域	管辖第一审知识产权案件标准
天津市	最高人民法院	天津市高级人民法院	天津市	诉讼标的额在 2 亿元以上，以及 1 亿元以上且当事人一方住所地不在本省或者涉外、涉港澳台的实用新型、发明、植物新品种、集成电路布图设计、技术秘密、计算机软件、垄断纠纷的知识产权民事案件；

地区	二审法院	一审法院	管辖地域	管辖第一审知识产权案件标准
天津市	天津市高级人民法院	天津市第三中级人民法院（天津知识产权法庭）	天津市	诉讼标的额在50亿元以上的外观设计专利、驰名商标认定的知识产权民事案件； 诉讼标的额在50亿元以上的一般知识产权民事案件。
				管辖滨海新区人民管辖区域（滨海新区、东丽区、宁河区）诉讼标的额在50亿元以下外观设计专利、驰名商标认定的知识产权民事案件； 管辖滨海新区人民管辖区域（滨海新区、东丽区、宁河区）诉讼标的额在500万元以上、50亿元以下的一般知识产权案件。
	最高人民法院			管辖诉讼标的额在1亿元以下且当事人一方住所地不在本辖区或者涉外、涉港澳台的，以及2亿元以下且当事人住所地均在本辖区的实用新型、发明、植物新品种、集成电路布图设计、技术秘密、计算机软件、垄断纠纷等知识产权民事案件。
	天津市高级人民法院	天津市第一中级人民法院	和平区人民法院管辖区域（西青区、武清区、宝坻区、蓟州区、和平区、南开区、红桥区）	诉讼标的额在50亿元以下外观设计、涉驰名商标认定的知识产权民事案件； 诉讼标的额在500万元以上、50亿元以下的一般知识产权民事案件。
	天津市高级人民法院	天津市第二中级人民法院	河西区人民法院管辖区域（河东区、河西区、津南区、北辰区、河北区、静海区）	诉讼标的额在50亿元以下外观设计、涉驰名商标认定的知识产权民事案件； 诉讼标的额在500万元以上、50亿元以下的一般知识产权民事案件。

（三）河北省

地区	二审法院	一审法院	管辖地域	管辖第一审知识产权案件标准
河北省	最高人民法院	河北省高级人民法院	河北省	诉讼标的额在 2 亿元以上，以及 1 亿元以上且当事人一方住所地不在本省或者涉外、涉港澳台的实用新型、发明、植物新品种、集成电路布图设计、技术秘密、计算机软件、垄断纠纷的知识产权民事案件； 诉讼标的额在 50 亿元以上的外观设计专利、驰名商标认定的知识产权民事案件； 诉讼标的额在 50 亿元以上的一般知识产权民事案件。
	河北省高级人民法院	石家庄市中级人民法院	石家庄市、沧州市、邯郸市、衡水市、邢台市	石家庄市诉讼标的额在 50 亿元以下外观设计专利、驰名商标认定的知识产权民事案件； 石家庄市诉讼标的额在 100 万元以上、50 亿元以下的一般知识产权民事案件。
	最高人民法院			诉讼标的额在 1 亿元以下且当事人一方住所地不在本辖区或者涉外、涉港澳台的，以及 2 亿元以下且当事人住所地均在本辖区的实用新型、发明、植物新品种、集成电路布图设计、技术秘密、计算机软件、垄断纠纷的知识产权民事案件。
	河北省高级人民法院	雄安新区中级人民法院	雄安新区、保定市、廊坊市、秦皇岛市、唐山市、张家口市、承德市	雄安新区诉讼标的额在 50 亿元以下外观设计、涉驰名商标认定的知识产权民事案件； 雄安新区诉讼标的额在 100 万元以上、50 亿元以下的一般知识产权民事案件。

续表

地区	二审法院	一审法院	管辖地域	管辖第一审知识产权案件标准
河北省	最高人民法院			诉讼标的额在 1 亿元以下且当事人一方住所地不在本辖区或者涉外、涉港澳台的，以及 2 亿元以下且当事人住所地均在本辖区的发明、实用新型、植物新品种、集成电路布图设计、技术秘密、计算机软件的权属、垄断纠纷等知识产权民事案件。
		其他中级人民法院(保定市、沧州市、承德市、邯郸市、衡水市、廊坊市、秦皇岛市、唐山市、邢台市、张家口市)	各自辖区	诉讼标的额在 50 亿元以下的外观设计专利、驰名商标认定的知识产权民事案件； 诉讼标的额在 100 万元以上、50 亿元以下的一般知识产权案件。

(四)山西省

地区	二审法院	一审法院	管辖地域	管辖第一审知识产权案件标准
山西省	最高人民法院	山西省高级人民法院	山西省	诉讼标的额在 2 亿元以上，以及 1 亿元以上且当事人一方住所地不在本省或者涉外、涉港澳台的实用新型、发明、植物新品种、集成电路布图设计、技术秘密、计算机软件、垄断纠纷的知识产权民事案件； 诉讼标的额在 50 亿元以上的外观设计专利、驰名商标认定的知识产权民事案件； 诉讼标的额在 50 亿元以上的一般知识产权民事案件。

续表

地区	二审法院	一审法院	管辖地域	管辖第一审知识产权案件标准
山西省	山西省高级人民法院	太原市中级人民法院（太原知识产权法庭）	太原市	太原市诉讼标的额在50亿元以下的外观设计专利、驰名商标认定的知识产权民事案件； 太原市诉讼标的额在100万元以上、50亿元以下的一般知识产权民事案件。
	最高人民法院		山西省	诉讼标的额在1亿元以下且当事人一方住所地不在本辖区或者涉外、涉港澳台的，以及2亿元以下且当事人住所地均在本辖区的实用新型、发明、植物新品种、集成电路布图设计、技术秘密、计算机软件、垄断纠纷的知识产权民事案件。
	山西省高级人民法院	其他中级人民法院（大同市、晋城市、晋中市、临汾市、吕梁市、朔州市、忻州市、阳泉市、运城市、长治市）	各自辖区	诉讼标的额在50亿元以下外观设计、驰名商标认定的知识产权民事案件； 诉讼标的额在100万元以上、50亿元以下的一般知识产权民事案件。

（五）内蒙古自治区

地区	二审法院	一审法院	管辖地域	管辖第一审知识产权案件标准
内蒙古自治区	最高人民法院	内蒙古自治区高级人民法院	内蒙古自治区	诉讼标的额在2亿元以上，以及1亿元以上且当事人一方住所地不在本省或者涉外、涉港澳台的实用新型、发明、植物新品种、集成电路布图设计、技术秘密、计算机软件、垄断纠纷的知识产权民事案件；

续表

地区	二审法院	一审法院	管辖地域	管辖第一审知识产权案件标准
内蒙古自治区	最高人民法院	内蒙古自治区高级人民法院	内蒙古自治区	诉讼标的额在 50 亿元以上的外观设计专利、驰名商标认定的知识产权民事案件； 诉讼标的额在 50 亿元以上的一般知识产权民事案件。
	内蒙古自治区高级人民法院		呼和浩特市	诉讼标的额在 50 亿元以下的外观设计专利、驰名商标认定的知识产权民事案件； 诉讼标的额在 100 万元以上、50 亿元以下的一般知识产权民事案件。
	最高人民法院	呼和浩特市中级人民法院	内蒙古自治区（包头市除外）	内蒙古自治区（含包头市）诉讼标的额在 1 亿元以下且当事人一方住所地不在本辖区或者涉外、涉港澳台的，以及 2 亿元以下且当事人住所地均在本辖区的植物新品种、集成电路布图设计、技术秘密、计算机软件的权属、垄断纠纷的知识产权民事案件； 内蒙古自治区（包头市除外）诉讼标的额在 2 亿元以下，以及 1 亿元以下且当事人一方住所地不在辖区内或者涉外、涉港澳台的发明、实用新型的知识产权民事案件。
	内蒙古自治区高级人民法院	包头市中级人民法院	包头市	诉讼标的额在 50 亿元以下的外观设计专利、驰名商标认定的知识产权民事案件； 诉讼标的额在 100 万元以上、50 亿元以下的一般知识产权民事案件。

续表

地区	二审法院	一审法院	管辖地域	管辖第一审知识产权案件标准
内蒙古自治区	最高人民法院			诉讼标的额在 1 亿元以下且当事人一方住所地不在本辖区或者涉外、涉港澳台的，以及 2 亿元以下且当事人住所地均在本辖区的发明、实用新型的知识产权民事案件。
	内蒙古自治区高级人民法院	其他中级人民法院(呼伦贝尔市、兴安盟、通辽市、赤峰市、锡林郭勒盟、乌兰察布市、鄂尔多斯市、乌海市、阿拉善盟)	各自辖区	诉讼标的额在 50 亿元以下的外观设计专利、驰名商标认定的知识产权民事案件； 诉讼标的额在 100 万元以上、50 亿元以下的一般知识产权案件。

(六)辽宁省

地区	二审法院	一审法院	管辖地域	管辖第一审知识产权案件标准
辽宁省	最高人民法院	辽宁省高级人民法院	辽宁省	诉讼标的额在 2 亿元以上，以及 1 亿元以上且当事人一方住所地不在本省或者涉外、涉港澳台的实用新型、发明、植物新品种、集成电路布图设计、技术秘密、计算机软件、垄断纠纷的知识产权民事案件； 诉讼标的额在 50 亿元以上的外观设计专利、驰名商标认定的知识产权民事案件； 诉讼标的额在 50 亿元以上的一般知识产权民事案件。
	辽宁省高级人民法院		沈阳市	诉讼标的额在 50 亿元以下的外观设计专利、驰名商标认定的知识产权民事案件；

地区	二审法院	一审法院	管辖地域	管辖第一审知识产权案件标准
辽宁省	最高人民法院	沈阳市中级人民法院	辽宁省（大连市除外）	诉讼标的额在 100 万元以上、50 亿元以下的一般知识产权民事案件。 诉讼标的额在 1 亿元以下且当事人一方住所地不在本辖区或者涉外、涉港澳台的，以及 2 亿元以下且当事人住所地均在本辖区的实用新型、发明、植物新品种、集成电路布图设计、技术秘密、计算机软件、垄断纠纷的知识产权民事案件。
	辽宁省高级人民法院			诉讼标的额在 50 亿元以下的外观设计专利、驰名商标认定的知识产权民事案件； 诉讼标的额在 100 万元以上、50 亿元以下的一般知识产权一审案件。
	最高人民法院	大连市中级人民法院	大连市	诉讼标的额在 1 亿元以下且当事人一方住所地不在本辖区或者涉外、涉港澳台的，以及 2 亿元以下且当事人住所地均在本辖区的实用新型、发明、植物新品种、集成电路布图设计、技术秘密、计算机软件、垄断纠纷的知识产权民事案件。
	辽宁省高级人民法院	其他中级人民法院（鞍山市、抚顺市、本溪市、丹东市、锦州市、营口市、阜新市、辽阳市、铁岭市、朝阳市、盘锦市、葫芦岛市）	各自辖区	诉讼标的额在 50 亿元以下的外观设计专利、驰名商标认定的知识产权民事案件； 诉讼标的额在 100 万元以上、50 亿元以下的一般知识产权案件。

（七）吉林省

地区	二审法院	一审法院	管辖地域	管辖第一审知识产权案件标准
吉林省	最高人民法院	吉林省高级人民法院	吉林省	诉讼标的额在 2 亿元以上，以及 1 亿元以上且当事人一方住所地不在本省或者涉外、涉港澳台的实用新型、发明、植物新品种、集成电路布图设计、技术秘密、计算机软件、垄断纠纷的知识产权民事案件； 诉讼标的额在 50 亿元以上的外观设计专利、驰名商标认定的知识产权民事案件； 诉讼标的额在 50 亿元以上的一般知识产权民事案件。
	吉林省高级人民法院	长春市中级人民法院（长春知识产权法庭）	长春市	诉讼标的额在 50 亿元以下的外观设计专利、驰名商标认定的知识产权民事案件； 诉讼标的额在 100 万元以上、50 亿元以下的一般知识产权案件。
	最高人民法院		吉林省	诉讼标的额在 1 亿元以下且当事人一方住所地不在本辖区或者涉外、涉港澳台的，以及 2 亿元以下且当事人住所地均在本辖区的实用新型、发明、植物新品种、集成电路布图设计、技术秘密、计算机软件、垄断纠纷的知识产权民事案件。
	吉林省高级人民法院	其他中级人民法院（白城市、白山市、吉林市、辽源市、四平市、松原市、通化市、延边朝鲜族自治州、延边林区、长春林区）	各自辖区	诉讼标的额在 50 亿元以下的外观设计专利、驰名商标认定的知识产权民事案件； 诉讼标的额在 100 万元以上、50 亿元以下的一般知识产权案件。

（八）黑龙江省

地区	二审法院	一审法院	管辖地域	管辖第一审知识产权案件标准
黑龙江省	最高人民法院	黑龙江省高级人民法院	黑龙江省	诉讼标的额在 2 亿元以上，以及 1 亿元以上且当事人一方住所地不在本省或者涉外、涉港澳台的实用新型、发明、植物新品种、集成电路布图设计、技术秘密、计算机软件、垄断纠纷的知识产权民事案件； 诉讼标的额在 50 亿元以上的外观设计专利、驰名商标认定的知识产权民事案件； 诉讼标的额在 50 亿元以上的一般知识产权民事案件。
	黑龙江省高级人民法院	哈尔滨市中级人民法院	哈尔滨市	诉讼标的额在 50 亿元以下的外观设计专利、驰名商标认定的知识产权民事案件； 诉讼标的额在 100 万元以上、50 亿元以下的一般知识产权案件。
	最高人民法院	齐齐哈尔市中级人民法院	黑龙江省	黑龙江省内诉讼标的额在 1 亿元以下且当事人一方住所地不在本辖区或者涉外、涉港澳台的，以及 2 亿元以下且当事人住所地均在本辖区的植物新品种、集成电路布图设计、技术秘密、计算机软件、垄断纠纷的知识产权民事案件。

续表

地区	二审法院	一审法院	管辖地域	管辖第一审知识产权案件标准
黑龙江省		哈尔滨市中级人民法院	鹤岗市、鸡西市、佳木斯市、牡丹江市、七台河市、双鸭山市、绥化市、伊春市	诉讼标的额在 1 亿元以下且当事人一方住所地不在本辖区或者涉外、涉港澳台的，以及 2 亿元以下且当事人住所地均在本辖区的发明专利、实用新型专利的知识产权民事案件。
	黑龙江省高级人民法院	齐齐哈尔市中级人民法院	齐齐哈尔市	诉讼标的额在 1 亿元以下且当事人一方住所地不在本辖区或者涉外、涉港澳台的，以及 2 亿元以下且当事人住所地均在本辖区的发明、实用新型的知识产权民事案件；诉讼标的额在 50 亿元以下的外观设计专利、驰名商标认定的知识产权民事案件；诉讼标的额在 100 万元以上、50 亿元以下的一般知识产权案件。
	最高人民法院		大庆市、黑河市、大兴安岭地区	诉讼标的额在 1 亿元以下且当事人一方住所地不在本辖区或者涉外、涉港澳台的，以及 2 亿元以下且当事人住所地均在本辖区的发明、实用新型的知识产权民事案件。
	黑龙江省高级人民法院	其他中级人民法院（大庆市、大兴安岭地区、鹤岗市、黑河市、鸡西市、佳木斯市、牡丹江市、七台河市、双鸭山市、绥化市、伊春市）	各自辖区	诉讼标的额在 50 亿元以下的外观设计专利、驰名商标认定的知识产权民事案件；诉讼标的额在 100 万元以上、50 亿元以下的一般知识产权案件。

（九）上海市

地区	二审法院	一审法院	管辖地域	管辖第一审知识产权案件标准
上海市	最高人民法院	上海市高级人民法院	上海市	诉讼标的额在 2 亿元以上或者诉讼标的额在 1 亿元以上的涉外、涉港澳台及当事人一方住所地不在本辖区的发明专利、实用新型专利、植物新品种、集成电路布图设计、技术秘密、计算机软件、垄断纠纷的知识产权民事案件； 诉讼标的额在 50 亿元以上的外观设计专利、驰名商标认定的知识产权民事案件； 诉讼标的额在 50 亿元以上的一般知识产权民事案件。
	上海市高级人民法院			诉讼标的额在 50 亿元以下的外观设计专利、驰名商标认定的知识产权民事案件。
	最高人民法院	上海知识产权法院		诉讼标的额在 1 亿元以下且当事人一方住所地不在本辖区或者涉外、涉港澳台的，以及 2 亿元以下且当事人住所地均在辖区的发明专利、实用新型专利、植物新品种、集成电路布图设计、技术秘密、计算机软件、垄断纠纷的知识产权民事案件。

（十）江苏省

地区	二审法院	一审法院	管辖地域	管辖第一审知识产权案件标准
江苏省	最高人民法院	江苏省高级人民法院	江苏省	诉讼标的额在 2 亿元以上，以及 1 亿元以上且当事人一方住所地不在本省或者涉外、涉港澳台的实用新型、发明、植物新品

续表

地区	二审法院	一审法院	管辖地域	管辖第一审知识产权案件标准
江苏省	最高人民法院	江苏省高级人民法院	江苏省	种、集成电路布图设计、技术秘密、计算机软件、垄断纠纷的知识产权民事案件； 　　诉讼标的额在 50 亿元以上的外观设计专利、驰名商标认定的知识产权民事案件； 　　诉讼标的额在 50 亿元以上的一般知识产权民事案件。
	江苏省高级人民法院	南京市中级人民法院（南京知识产权法庭）	南京市	诉讼标的额在 50 亿元以下的外观设计专利、驰名商标认定的知识产权民事案件； 　　诉讼标的额在 500 万元以上、50 亿元以下的一般知识产权案件。
	最高人民法院		南京市、镇江市、扬州市、泰州市、淮安市、盐城市	诉讼标的额在 1 亿元以下且当事人一方住所地不在本辖区或者涉外、涉港澳台的，以及 2 亿元以下且当事人住所地均在本辖区的实用新型、发明、植物新品种、集成电路布图设计、技术秘密、计算机软件、垄断纠纷的知识产权民事案件。
	江苏省高级人民法院	苏州市中级人民法院（苏州知识产权法庭）	苏州市	诉讼标的额在 50 亿元以下的外观设计专利、驰名商标认定的知识产权民事案件； 　　诉讼标的额在 500 万元以上、50 亿元以下的一般知识产权案件。

地区	二审法院	一审法院	管辖地域	管辖第一审知识产权案件标准
江苏省	最高人民法院	苏州市中级人民法院（苏州知识产权法庭）	苏州市、常州市、南通市	诉讼标的额在1亿元以下且当事人一方住所地不在本辖区或者涉外、涉港澳台的，以及2亿元以下且当事人住所地均在本辖区的实用新型、发明、植物新品种、集成电路布图设计、技术秘密、计算机软件、垄断纠纷的知识产权民事案件。
	江苏省高级人民法院	无锡市中级人民法院	无锡市	诉讼标的额在50亿元以下的外观设计专利、驰名商标认定的知识产权民事案件； 诉讼标的额在500万元以上、50亿元以下的一般知识产权案件。
	最高人民法院			诉讼标的额在1亿元以下且当事人一方住所地不在本辖区或者涉外、涉港澳台的，以及2亿元以下且当事人住所地均在本辖区的实用新型、发明、植物新品种、集成电路布图设计、技术秘密、计算机软件、垄断纠纷的知识产权民事案件。
		徐州市中级人民法院	徐州市	诉讼标的额在50亿元以下的外观设计专利、驰名商标认定的知识产权民事案件； 诉讼标的额在500万元以上、50亿元以下的一般知识产权案件。

续表

地区	二审法院	一审法院	管辖地域	管辖第一审知识产权案件标准
江苏省	最高人民法院	徐州市中级人民法院	徐州市、宿迁市、连云港市	诉讼标的额在 1 亿元以下且当事人一方住所地不在本辖区或者涉外、涉港澳台的，以及 2 亿元以下且当事人住所地均在本辖区的实用新型、发明、植物新品种、集成电路布图设计、技术秘密、计算机软件、垄断纠纷的知识产权民事案件。
	江苏省高级人民法院	其他中级人民法院（常州市、南通市、泰州市、盐城市、扬州市、镇江市、淮安市、连云港市、宿迁市）	各自辖区	诉讼标的额在 50 亿元以下的外观设计专利、驰名商标认定的知识产权民事案件； 诉讼标的额在 500 万元以上、50 亿元以下的一般知识产权案件。

（十一）浙江省

地区	二审法院	一审法院	管辖地域	管辖第一审知识产权案件标准
浙江省	最高人民法院	浙江省高级人民法院	浙江省	诉讼标的额在 2 亿元以上，以及 1 亿元以上且当事人一方住所地不在本省或者涉外、涉港澳台的实用新型、发明、植物新品种、集成电路布图设计、技术秘密、计算机软件、垄断纠纷的知识产权民事案件； 诉讼标的额在 50 亿元以上的外观设计专利、驰名商标认定的知识产权民事案件； 诉讼标的额在 50 亿元以上的一般知识产权民事案件。

地区	二审法院	一审法院	管辖地域	管辖第一审知识产权案件标准
浙江省	浙江省高级人民法院	杭州市中级人民法院（杭州知识产权法庭）	杭州市	诉讼标的额在50亿元以下的外观设计专利、驰名商标认定的知识产权民事案件； 诉讼标的额在500万元以上、50亿元以下的一般知识产权案件。
	最高人民法院		杭州市、湖州市、衢州市	诉讼标的额在1亿元以下且当事人一方住所地不在本辖区或者涉外、涉港澳台的，以及2亿元以下且当事人住所地均在本辖区的实用新型、发明、植物新品种、集成电路布图设计、技术秘密、计算机软件、垄断纠纷的知识产权民事案件。
	浙江省高级人民法院	宁波市中级人民法院（宁波知识产权法庭）	宁波市	诉讼标的额在50亿元以下的外观设计专利、驰名商标认定的知识产权民事案件； 诉讼标的额在500万元以上、50亿元以下的一般知识产权案件。
	最高人民法院		宁波市、绍兴市、台州市、舟山市、嘉兴市	诉讼标的额在1亿元以下且当事人一方住所地不在本辖区或者涉外、涉港澳台的，以及2亿元以下且当事人住所地均在本辖区的实用新型、发明、植物新品种、集成电路布图设计、技术秘密、计算机软件、垄断纠纷的知识产权民事案件。
	浙江省高级人民法院	温州市中级人民法院	温州市	诉讼标的额在50亿元以下的外观设计专利、驰名商标认定的知识产权民事案件； 诉讼标的额在500万元以上、50亿元以下的一般知识产权案件。

续表

地区	二审法院	一审法院	管辖地域	管辖第一审知识产权案件标准
浙江省	最高人民法院		温州市、金华市、丽水市	诉讼标的额在 1 亿元以下且当事人一方住所地不在本辖区或者涉外、涉港澳台的，以及 2 亿元以下且当事人住所地均在本辖区的实用新型、发明、植物新品种、集成电路布图设计、技术秘密、计算机软件、垄断纠纷的知识产权民事案件。
	浙江省高级人民法院	其他中级人民法院（湖州市、嘉兴市、金华市、绍兴市、台州市、丽水市、衢州市、舟山市）	各自辖区	诉讼标的额在 50 亿元以下的外观设计专利、驰名商标认定的知识产权民事案件； 诉讼标的额在 500 万元以上、50 亿元以下的一般知识产权案件。

（十二）安徽省

地区	二审法院	一审法院	管辖地域	管辖第一审知识产权案件标准
安徽省	最高人民法院	安徽省高级人民法院	安徽省	诉讼标的额在 2 亿元以上，以及 1 亿元以上且当事人一方住所地不在本省或者涉外、涉港澳台的实用新型、发明、植物新品种、集成电路布图设计、技术秘密、计算机软件、垄断纠纷的知识产权民事案件； 诉讼标的额在 50 亿元以上的外观设计专利、驰名商标认定的知识产权民事案件； 诉讼标的额在 50 亿元以上的一般知识产权民事案件。

地区	二审法院	一审法院	管辖地域	管辖第一审知识产权案件标准
安徽省	安徽省高级人民法院	合肥市中级人民法院（合肥知识产权法庭）	合肥市	诉讼标的额在 50 亿元以下的外观设计专利、驰名商标认定的知识产权民事案件； 诉讼标的额在 100 万元以上、50 亿元以下的一般知识产权案件。
	最高人民法院		安徽省	诉讼标的额在 1 亿元以下且当事人一方住所地不在本辖区或者涉外、涉港澳台的，以及 2 亿元以下且当事人住所地均在本辖区的实用新型、发明、植物新品种、集成电路布图设计、技术秘密、计算机软件、垄断纠纷的知识产权民事案件。
	安徽省高级人民法院	其他中级人民法院（蚌埠市、芜湖市、亳州市、池州市、滁州市、阜阳市、安庆市、宿州市、宣城市、铜陵市、黄山市、六安市、马鞍山、淮北市、淮南市）	各自辖区	诉讼标的额在 50 亿元以下的外观设计专利、驰名商标认定的知识产权民事案件； 诉讼标的额在 100 万元以上、50 亿元以下的一般知识产权案件。

（十三）福建省

地区	二审法院	一审法院	管辖地域	管辖第一审知识产权案件标准
福建省	最高人民法院	福建省高级人民法院	福建省	诉讼标的额在 2 亿元以上，以及 1 亿元以上且当事人一方住所地不在本省或者涉外、涉港澳台的实用新型、发明、植物新品种、集成电路布图设计、技术秘密、计算机软件、垄断纠纷的知识产权民事案件；

地区	二审法院	一审法院	管辖地域	管辖第一审知识产权案件标准
福建省	最高人民法院	福建省高级人民法院	福建省	诉讼标的额在 50 亿元以上的外观设计专利、驰名商标认定的知识产权民事案件; 诉讼标的额在 50 亿元以上的一般知识产权民事案件。
	福建省高级人民法院	福州市中级人民法院(福州知识产权法庭)	福州市	诉讼标的额在 50 亿元以下的外观设计专利、驰名商标认定的知识产权民事案件; 诉讼标的额在 100 万元以上、50 亿元以下的一般知识产权案件。
	最高人民法院		福州市、南平市、宁德市、莆田市、三明市	诉讼标的额在 1 亿元以下且当事人一方住所地不在本辖区或者涉外、涉港澳台的,以及 2 亿元以下且当事人住所地均在本辖区的实用新型、发明、植物新品种、集成电路布图设计、技术秘密、计算机软件、垄断纠纷的知识产权民事案件。
	福建省高级人民法院	厦门市中级人民法院(厦门知识产权法庭)	厦门市	诉讼标的额在 50 亿元以下的外观设计专利、驰名商标认定的知识产权民事案件; 诉讼标的额在 100 万元以上、50 亿元以下的一般知识产权案件。
	最高人民法院		厦门市、漳州市、龙岩市	诉讼标的额在 1 亿元以下且当事人一方住所地不在本辖区或者涉外、涉港澳台的,以及 2 亿元以下且当事人住所地均在本辖区的实用新型、发明、植物新品种、集成电路布图设计、技术秘密、计算机软件、垄断纠纷的知识产权民事案件。

续表

地区	二审法院	一审法院	管辖地域	管辖第一审知识产权案件标准
福建省	福建省高级人民法院	泉州市中级人民法院（泉州知识产权法庭）	泉州市	诉讼标的额在50亿元以下的外观设计专利、驰名商标认定的知识产权民事案件； 诉讼标的额在100万元以上、50亿元以下的一般知识产权案件。
	最高人民法院			诉讼标的额在1亿元以下且当事人一方住所地不在本辖区或者涉外、涉港澳台的，以及2亿元以下且当事人住所地均在本辖区的实用新型、发明、植物新品种、集成电路布图设计、技术秘密、计算机软件、垄断纠纷的知识产权民事案件。
	福建省高级人民法院	其他中级人民法院（龙岩市、南平市、宁德市、莆田市、三明市、漳州市）	各自辖区	诉讼标的额在50亿元以下的外观设计专利、驰名商标认定的知识产权民事案件； 诉讼标的额在100万元以上、50亿元以下的一般知识产权案件。

(十四)江西省

地区	二审法院	一审法院	管辖地域	管辖第一审知识产权案件标准
江西省	最高人民法院	江西省高级人民法院	江西省	诉讼标的额在2亿元以上，以及1亿元以上且当事人一方住所地不在本省或者涉外、涉港澳台的实用新型、发明、植物新品种、集成电路布图设计、技术秘密、计算机软件、垄断纠纷的知识产权民事案件； 诉讼标的额在50亿元以上的外观设计专利、驰名商标认定的知识产权民事案件； 诉讼标的额在50亿元以上的一般知识产权民事案件。

地区	二审法院	一审法院	管辖地域	管辖第一审知识产权案件标准
江西省	江西省高级人民法院	南昌市中级人民法院（南昌知识产权法庭）	南昌市	诉讼标的额在50亿元以下的外观设计专利、驰名商标认定的知识产权民事案件； 诉讼标的额在100万元以上、50亿元以下的一般知识产权案件。
	最高人民法院		南昌市、萍乡市、新余市、赣州市、宜春市、吉安市、抚州市	诉讼标的额在1亿元以下且当事人一方住所地不在本辖区或者涉外、涉港澳台的，以及2亿元以下且当事人住所地均在本辖区的实用新型、发明、植物新品种、集成电路布图设计、技术秘密、计算机软件、垄断纠纷的知识产权民事案件。
	江西省高级人民法院	景德镇市中级人民法院（景德镇知识产权法庭）	景德镇市	诉讼标的额在50亿元以下的外观设计专利、驰名商标认定的知识产权民事案件； 诉讼标的额在100万元以上、50亿元以下的一般知识产权案件。
	最高人民法院		景德镇市、九江市、鹰潭市、上饶市	诉讼标的额在1亿元以下且当事人一方住所地不在本辖区或者涉外、涉港澳台的，以及2亿元以下且当事人住所地均在本辖区的实用新型、发明、植物新品种、集成电路布图设计、技术秘密、计算机软件、垄断纠纷的知识产权民事案件。
	江西省高级人民法院	其他中级人民法院（抚州市、赣州市、鹰潭市、宜春市、新余市、上饶市、萍乡市、九江市、吉安市）	各自辖区	诉讼标的额在50亿元以下的外观设计专利、驰名商标认定的知识产权民事案件； 诉讼标的额在100万元以上、50亿元以下的一般知识产权案件。

(十五)山东省

地区	二审法院	一审法院	管辖地域	管辖第一审知识产权案件标准
山东省	最高人民法院	山东省高级人民法院	山东省	诉讼标的额在 2 亿元以上，以及 1 亿元以上且当事人一方住所地不在本省或者涉外、涉港澳台的实用新型、发明、植物新品种、集成电路布图设计、技术秘密、计算机软件、垄断纠纷的知识产权民事案件； 诉讼标的额在 50 亿元以上的外观设计专利、驰名商标认定的知识产权民事案件； 诉讼标的额在 50 亿元以上的一般知识产权民事案件。
	山东省高级人民法院	济南市中级人民法院(济南知识产权法庭)	济南市	诉讼标的额在 50 亿元以下的外观设计专利、驰名商标认定的知识产权民事案件； 诉讼标的额在 100 万元以上、50 亿元以下的一般知识产权案件。
	最高人民法院		济南市、淄博市、枣庄市、济宁市、泰安市、滨州市、德州市、聊城市、临沂市、菏泽市	诉讼标的额在 1 亿元以下且当事人一方住所地不在本辖区或者涉外、涉港澳台的，以及 2 亿元以下且当事人住所地均在本辖区的实用新型、发明、植物新品种、集成电路布图设计、技术秘密、计算机软件、垄断纠纷的知识产权民事案件。
	山东省高级人民法院	青岛市中级人民法院(青岛知识产权法庭)	青岛市	诉讼标的额在 50 亿元以下的外观设计专利、驰名商标认定的知识产权民事案件； 诉讼标的额在 100 万元以上、50 亿元以下的一般知识产权案件。

续表

地区	二审法院	一审法院	管辖地域	管辖第一审知识产权案件标准
山东省	最高人民法院	青岛市中级人民法院（青岛知识产权法庭）	青岛市、东营市、烟台市、潍坊市、威海市、日照市	诉讼标的额在1亿元以下且当事人一方住所地不在本辖区或者涉外、涉港澳台的，以及2亿元以下且当事人住所地均在本辖区的实用新型、发明、植物新品种、集成电路布图设计、技术秘密、计算机软件、垄断纠纷的知识产权民事案件。
	山东省高级人民法院	其他中级人民法院（滨州市、德州市、东营市、菏泽市、潍坊市、济宁市、聊城市、临沂市、泰安市、威海市、烟台市、淄博市、枣庄市、日照市）	各自辖区	诉讼标的额在50亿元以下外观设计、涉驰名商标认定的知识产权民事案件；诉讼标的额在100万元以上、50亿元以下的一般知识产权民事案件。

（十六）河南省

地区	二审法院	一审法院	管辖地域	管辖第一审知识产权案件标准
河南省	最高人民法院	河南省高级人民法院	河南省	诉讼标的额在2亿元以上，以及1亿元以上且当事人一方住所地不在本省或者涉外、涉港澳台的实用新型、发明、植物新品种、集成电路布图设计、技术秘密、计算机软件、垄断纠纷的知识产权民事案件；诉讼标的额在50亿元以上的外观设计专利、驰名商标认定的知识产权民事案件；诉讼标的额在50亿元以上的一般知识产权民事案件。

续表

地区	二审法院	一审法院	管辖地域	管辖第一审知识产权案件标准
河南省	河南省高级人民法院	郑州市中级人民法院（郑州知识产权法庭）	郑州市	诉讼标的额在50亿元以下的外观设计专利、驰名商标认定的知识产权民事案件；诉讼标的额在500万元以上、50亿元以下的一般知识产权案件。
	最高人民法院		河南省	诉讼标的额在1亿元以下且当事人一方住所地不在本辖区或者涉外、涉港澳台的，以及2亿元以下且当事人住所地均在本辖区的实用新型、发明、植物新品种、集成电路布图设计、技术秘密、计算机软件、垄断纠纷的知识产权民事案件。
	河南省高级人民法院	其他中级人民法院（新乡市、商丘市、南阳市、洛阳市、驻马店市、周口市、安阳市、开封市、焦作市、济源市、鹤壁市、漯河市、许昌市、信阳市、三门峡市、濮阳市、平顶山市）	各自辖区	诉讼标的额在50亿元以下的外观设计专利、驰名商标认定的知识产权民事案件；诉讼标的额在500万元以上、50亿元以下的一般知识产权案件。

（十七）湖北省

地区	二审法院	一审法院	管辖地域	管辖第一审知识产权案件标准
湖北省	最高人民法院	湖北省高级人民法院	湖北省	诉讼标的额在2亿元以上，以及1亿元以上且当事人一方住所地不在本省或者涉外、涉港澳台的实用新型、发明、植物新品种、集成电路布图设计、技术秘密、计算机软件、垄断纠纷的知识产权民事案件；

续表

地区	二审法院	一审法院	管辖地域	管辖第一审知识产权案件标准
湖北省	最高人民法院	湖北省高级人民法院	湖北省	诉讼标的额在 50 亿元以上的外观设计专利、驰名商标认定的知识产权民事案件； 诉讼标的额在 50 亿元以上的一般知识产权民事案件。
	湖北省高级人民法院	武汉市中级人民法院（武汉知识产权法庭）	武汉市	诉讼标的额在 50 亿元以下的外观设计专利、驰名商标认定的知识产权民事案件； 诉讼标的额在 500 万元以上、50 亿元以下的一般知识产权案件。
	最高人民法院		湖北省	诉讼标的额在 1 亿元以下且当事人一方住所地不在本辖区或者涉外、涉港澳台的，以及 2 亿元以下且当事人住所地均在本辖区的实用新型、发明、植物新品种、集成电路布图设计、技术秘密、计算机软件、垄断纠纷的知识产权民事案件。
	湖北省高级人民法院	其他中级人民法院（咸宁市、襄阳市、孝感市、宜昌市、荆门市、荆州市、十堰市、随州市、鄂州市、恩施土家族苗族自治州、汉江、黄冈市、黄石市）	各自辖区	诉讼标的额在 50 亿元以下的外观设计专利、驰名商标认定的知识产权民事案件； 诉讼标的额在 500 万元以上、50 亿元以下的一般知识产权案件。

(十八)湖南省

地区	二审法院	一审法院	管辖地域	管辖第一审知识产权案件标准
湖南省	最高人民法院	湖南省高级人民法院	湖南省	诉讼标的额在 2 亿元以上，以及 1 亿元以上且当事人一方住所地不在本省或者涉外、涉港澳台的实用新型、发明、植物新品种、集成电路布图设计、技术秘密、计算机软件、垄断纠纷的知识产权民事案件； 诉讼标的额在 50 亿元以上的外观设计专利、驰名商标认定的知识产权民事案件； 诉讼标的额在 50 亿元以上的一般知识产权民事案件。
	湖南省高级人民法院	长沙市中级人民法院(长沙知识产权法庭)	长沙市	诉讼标的额在 50 亿元以下的外观设计专利、驰名商标认定的知识产权民事案件； 诉讼标的额在 100 万元以上、50 亿元以下的一般知识产权案件。
	最高人民法院		湖南省	诉讼标的额在 1 亿元以下且当事人一方住所地不在本辖区或者涉外、涉港澳台的，以及 2 亿元以下且当事人住所地均在本辖区的实用新型、发明、植物新品种、集成电路布图设计、技术秘密、计算机软件、垄断纠纷的知识产权民事案件。
	湖南省高级人民法院	其他中级人民法院(常德市、株洲市、岳阳市、娄底市、怀化市、衡阳市、郴州市、湘潭市、张家界市、永州市、益阳市、湘西土家族苗族自治州、湘潭市、邵阳市)	各自辖区	诉讼标的额在 50 亿元以下的外观设计专利、驰名商标认定的知识产权民事案件； 诉讼标的额在 100 万元以上、50 亿元以下的一般知识产权案件。

(十九) 广东省

地区	二审法院	一审法院	管辖地域	管辖第一审知识产权案件标准
广东省	最高人民法院	广东省高级人民法院	广东省	诉讼标的额在 2 亿元以上，以及 1 亿元以上且当事人一方住所地不在本辖区或者涉外、涉港澳台的实用新型、发明、植物新品种、集成电路布图设计、技术秘密、计算机软件、垄断纠纷的知识产权民事案件； 诉讼标的额在 50 亿元以上的外观设计专利、驰名商标认定的知识产权民事案件； 诉讼诉讼标的额在 50 亿元以上的一般知识产权民事案件。
	广东省级人民法院	广州知识产权法院	广东省 (深圳市除外)	广东省 (深圳市除外) 辖区内诉讼标的额在 50 亿元以下的外观设计专利、驰名商标认定的知识产权民事案件； 广州市辖区内诉讼标的额在 1000 万元以上、50 亿元以下的一般知识产权民事案件。
	最高人民法院			诉讼标的额在 1 亿元以下且当事人一方住所地不在本辖区或者涉外、涉港澳台的，以及 2 亿元以下且当事人住所地均在本辖区的实用新型、发明、植物新品种、集成电路布图设计、技术秘密、计算机软件、垄断纠纷的知识产权民事案件。
	广东省高级人民法院	深圳市中级人民法院 (深圳知识产权法庭)	深圳市	诉讼标的额在 50 亿元以下的外观设计专利、驰名商标认定的知识产权民事案件； 诉讼标的额在 1000 万元以上、50 亿元以下的一般知识产权民事案件。

162

地区	二审法院	一审法院	管辖地域	管辖第一审知识产权案件标准
广东省	最高人民法院	深圳市中级人民法院（深圳知识产权法庭）	深圳市	诉讼标的额在 1 亿元以下且当事人一方住所地不在本辖区或者涉外、涉港澳台的，以及 2 亿元以下且当事人住所地均在所在市的实用新型、发明、植物新品种、集成电路布图设计、技术秘密、计算机软件、垄断纠纷的知识产权民事案件。
	广东省高级人民法院	其他中级人民法院（中山市、珠海市、江门市、惠州市、佛山市、东莞市、肇庆市）	各自辖区	诉讼标的额在 1000 万元以上、50 亿元以下的一般知识产权民事案件。
		其他中级人民法院（汕头市、阳江市、清远市、潮州市、湛江市、云浮市、韶关市、汕尾市、梅州市、茂名市、揭阳市、河源市）	各自辖区	诉讼标的额在 500 万元以上、50 亿元以下的一般知识产权民事案件。

（二十）广西壮族自治区

地区	二审法院	一审法院	管辖地域	管辖第一审知识产权案件标准
广西壮族自治区	最高人民法院	广西壮族自治区高级人民法院	广西壮族自治区	诉讼标的额在 2 亿元以上，以及 1 亿元以上且当事人一方住所地不在上海市或者涉外、涉港澳台的实用新型、发明、植物新品种、集成电路布图设计、技术秘密、计算机软件、垄断纠纷的知识产权民事案件；

续表

地区	二审法院	一审法院	管辖地域	管辖第一审知识产权案件标准
广西壮族自治区	最高人民法院	广西壮族自治区高级人民法院	广西壮族自治区	诉讼标的额在50亿元以上的外观设计专利、驰名商标认定的知识产权民事案件； 诉讼标的额在50亿元以上的一般知识产权民事案件。
	广西壮族自治区高级人民法院	南宁市中级人民法院（南宁知识产权法庭）	南宁市	诉讼标的额在50亿元以下的外观设计专利、驰名商标认定的知识产权民事案件； 诉讼标的额在100万元以上、50亿元以下的一般知识产权案件。
	最高人民法院		广西壮族自治区（柳州市、桂林市、来宾市、河池市除外）	诉讼标的额在1亿元以下且当事人一方住所地不在本辖区或者涉外、涉港澳台的，以及2亿元以下且当事人住所地均在广西壮族自治区的实用新型、发明、植物新品种、集成电路布图设计、技术秘密、计算机软件、垄断纠纷的知识产权民事案件。
	广西壮族自治区高级人民法院	柳州市中级人民法院	柳州市	诉讼标的额在50亿元以下的外观设计专利、驰名商标认定的知识产权民事案件； 诉讼标的额在100万元以上、50亿元以下的一般知识产权案件。
	最高人民法院		柳州市、桂林市、来宾市、河池市	诉讼标的额在1亿元以下且当事人一方住所地不在辖区或者涉外、涉港澳台的，以及2亿元以下且当事人住所地均在广西壮族自治区的实用新型、发明、植物新品种、集成电路布图设计、技术秘密、计算机软件、垄断纠纷的知识产权民事案件。

地区	二审法院	一审法院	管辖地域	管辖第一审知识产权案件标准
广西壮族自治区	广西壮族自治区高级人民法院	其他中级人民法院（桂林市、来宾市、河池市、百色市、北海市、崇左市、防城港市、贵港市、河池市、贺州市、来宾市、钦州市、梧州市、玉林市）	各自辖区	诉讼标的额在 50 亿元以下的外观设计专利、驰名商标认定的知识产权民事案件； 诉讼标的额在 100 万元以上、50 亿元以下的一般知识产权案件。

（二十一）海南省

地区	二审法院	一审法院	管辖地域	管辖第一审知识产权案件标准
海南省	最高人民法院	海南省高级人民法院	海南省	诉讼标的额在 2 亿元以上，以及 1 亿元以上且当事人一方住所地不在辖区内或者涉外、涉港澳台的实用新型、发明、植物新品种、集成电路布图设计、技术秘密、计算机软件、垄断纠纷的知识产权民事案件； 诉讼标的额在 50 亿元以上的外观设计专利、驰名商标认定的知识产权民事案件； 诉讼标的额在 50 亿元以上的一般知识产权民事案件。
	海南省高级人民法院	海南自由贸易港知识产权法院	海南省	诉讼标的额在 50 亿元以下的外观设计专利、驰名商标认定的知识产权民事案件； 诉讼标的额在 500 万元以上、50 亿元以下的一般知识产权案件。

续表

地区	二审法院	一审法院	管辖地域	管辖第一审知识产权案件标准
海南省	最高人民法院	海南自由贸易港知识产权法院	海南省	诉讼标的额在 1 亿元以下且当事人一方住所地不在本辖区或者涉外、涉港澳台的，以及 2 亿元以下且当事人住所地均在本辖区的实用新型、发明、植物新品种、集成电路布图设计、技术秘密、计算机软件、垄断纠纷的知识产权民事案件。

(二十二) 重庆市

地区	二审法院	一审法院	管辖地域	管辖第一审知识产权案件标准
重庆市	最高人民法院	重庆市高级人民法院	重庆市	诉讼标的额在 2 亿元以上，以及 1 亿元以上且当事人一方住所地不在本省或者涉外、涉港澳台的实用新型、发明、植物新品种、集成电路布图设计、技术秘密、计算机软件、垄断纠纷的知识产权民事案件； 诉讼标的额在 50 亿元以上的外观设计专利、驰名商标认定的知识产权民事案件； 诉讼标的额在 50 亿元以上的一般知识产权民事案件。
	重庆市高级人民法院	重庆市第一中级人民法院 (重庆知识产权法庭)		诉讼标的额在 500 万元以上、50 亿元以下的一般知识产权民事案件； 诉讼标的额在 50 亿元以下的外观设计专利、驰名商标认定的知识产权民事案件。

续表

地区	二审法院	一审法院	管辖地域	管辖第一审知识产权案件标准
重庆市	最高人民法院	重庆市第一中级人民法院（重庆知识产权法庭）	重庆市	管辖诉讼标的额在1亿元以下且当事人一方住所地不在本辖区或者涉外、涉港澳台的，以及2亿元以下且当事人住所地均在本辖区的实用新型、发明、植物新品种、集成电路布图设计、技术秘密、计算机软件、垄断纠纷的知识产权民事案件。

(二十三) 四川省

地区	二审法院	一审法院	管辖地域	管辖第一审知识产权案件标准
四川省	最高人民法院	四川省高级人民法院	四川省	诉讼标的额在2亿元以上，以及1亿元以上且当事人一方住所地不在本省或者涉外、涉港澳台的实用新型、发明、植物新品种、集成电路布图设计、技术秘密、计算机软件、垄断纠纷的知识产权民事案件； 诉讼标的额在50亿元以上的外观设计专利、驰名商标认定的知识产权民事案件； 诉讼标的额在50亿元以上的一般知识产权民事案件。
	四川省高级人民法院	成都市中级人民法院（成都知识产权法庭）	成都市	诉讼标的额在50亿元以下的外观设计专利、驰名商标认定的知识产权民事案件； 诉讼标的额在100万元以上、50亿元以下的一般知识产权民事案件。

续表

地区	二审法院	一审法院	管辖地域	管辖第一审知识产权案件标准
四川省	最高人民法院	成都市中级人民法院（成都知识产权法庭）	四川省	诉讼标的额在 1 亿元以下且当事人一方住所地不在本辖区或者涉外、涉港澳台的，以及 2 亿元以下且当事人住所地均在本辖区的实用新型、发明、植物新品种、集成电路布图设计、技术秘密、计算机软件、垄断纠纷的知识产权民事案件。
	四川省高级人民法院	其他中级人民法院（绵阳市、泸州市、南充市、内江市、攀枝花市、雅安市、宜宾市、资阳市、自贡市、四川省阿坝藏族羌族自治州、巴中市、达州市、德阳市、四川省甘孜藏族自治州、广安市、广元市、乐山市、四川省凉山彝族自治州、眉山市、遂宁市）	各自辖区	诉讼标的额在 50 亿元以下的外观设计专利、驰名商标认定的知识产权民事案件； 诉讼标的额在 100 万元以上、50 亿元以下的一般知识产权民事案件。

（二十四）贵州省

地区	二审法院	一审法院	管辖地域	管辖第一审知识产权案件标准
贵州省	最高人民法院	贵州省高级人民法院	贵州省	诉讼标的额在 2 亿元以上，以及 1 亿元以上且当事人一方住所地不在本省或者涉外、涉港澳台的实用新型、发明、植物新品种、集成电路布图设计、技术秘密、计算机软件、垄断纠纷的知识产权民事案件；

地区	二审法院	一审法院	管辖地域	管辖第一审知识产权案件标准
贵州省	最高人民法院	贵州省高级人民法院	贵州省	诉讼标的额在50亿元以上的外观设计专利、驰名商标认定的知识产权民事案件； 诉讼标的额在50亿元以上的一般知识产权民事案件。
	贵州省高级人民法院		贵阳市	诉讼标的额在50亿元以下的外观设计专利、驰名商标认定的知识产权民事案件； 诉讼标的额在100万元以上、50亿元以下的一般知识产权案件。
	最高人民法院	贵阳市中级人民法院	贵州省	诉讼标的额在1亿元以下且当事人一方住所地不在本辖区或者涉外、涉港澳台的，以及2亿元以下且当事人住所地均在本辖区的植物新品种、集成电路布图设计、技术秘密、计算机软件的权属纠纷的知识产权民事案件。
			贵阳市、六盘水市、安顺市、黔西南布依族苗族自治州	诉讼标的额在1亿元以下且当事人一方住所地不在本辖区或者涉外、涉港澳台的，以及2亿元以下且当事人住所地均在本辖区的实用新型、发明、垄断纠纷的知识产权民事案件。
	贵州省高级人民法院	遵义市中级人民法院	遵义市	诉讼标的额在50亿元以下的外观设计专利、驰名商标认定的知识产权民事案件； 诉讼标的额在100万元以上、50亿元以下的一般知识产权案件。

地区	二审法院	一审法院	管辖地域	管辖第一审知识产权案件标准
贵州省	最高人民法院	遵义市中级人民法院	遵义市、毕节市、铜仁市、黔南州、黔东南州	诉讼标的额在1亿元以下且当事人一方住所地不在本辖区或者涉外、涉港澳台的，以及2亿元以下且当事人住所地均在本辖区的发明、实用新型纠纷的知识产权民事案件。
		其他中级人民法院（贵阳市、六盘水市、安顺市、黔西南布依族苗族自治州、毕节市、铜仁市、黔南布依族苗族自治州、黔东南苗族侗族自治州）	各自辖区	诉讼标的额在50亿元以下的外观设计专利、驰名商标认定的知识产权民事案件；诉讼标的额在100万元以上、50亿元以下的一般知识产权案件。

（二十五）云南省

地区	二审法院	一审法院	管辖地域	管辖第一审知识产权案件标准
云南省	最高人民法院	云南省高级人民法院	云南省	诉讼标的额在2亿元以上，以及1亿元以上且当事人一方住所地不在本省或者涉外、涉港澳台的实用新型、发明、植物新品种、集成电路布图设计、技术秘密、计算机软件、垄断纠纷的知识产权民事案件；诉讼标的额在50亿元以上的外观设计专利、驰名商标认定的知识产权民事案件；诉讼标的额在50亿元以上的一般知识产权民事案件。

续表

地区	二审法院	一审法院	管辖地域	管辖第一审知识产权案件标准
云南省	云南省高级人民法院		昆明市	诉讼标的额在50亿元以下的外观设计专利、驰名商标认定的知识产权民事案件；诉讼标的额在100万元以上、50亿元以下的一般知识产权案件。
	最高人民法院	昆明市中级人民法院	云南省	诉讼标的额在1亿元以下且当事人一方住所地不在本辖区或者涉外、涉港澳台的，以及2亿元以下且当事人住所地均在本辖区的实用新型、发明、植物新品种、集成电路布图设计、技术秘密、计算机软件、垄断纠纷的知识产权民事案件。
	云南省高级人民法院	其他中级人民法院（普洱市、临沧市、西双版纳傣族自治州、大理白族自治州、保山市、丽江市、德宏傣族景颇族自治州、怒江傈僳族自治州、迪庆藏族自治州、红河哈尼族彝族自治州、玉溪市、文山市）	各自辖区	诉讼标的额在50亿元以下的外观设计专利、驰名商标认定的知识产权民事案件；诉讼标的额在100万元以上、50亿元以下的一般知识产权案件。

(二十六) 西藏自治区

地区	二审法院	一审法院	管辖地域	管辖第一审知识产权案件标准
西藏自治区	最高人民法院	西藏自治区高级人民法院	西藏自治区	诉讼标的额在2亿元以上，以及1亿元以上且当事人一方住所地不在本省或者涉外、涉港澳台的实用新型、发明、植物新品

地区	二审法院	一审法院	管辖地域	管辖第一审知识产权案件标准
西藏自治区	最高人民法院	西藏自治区高级人民法院	西藏自治区	种、集成电路布图设计、技术秘密、计算机软件、垄断纠纷的知识产权民事案件； 诉讼标的额在 50 亿元以上的外观设计专利、驰名商标认定的知识产权民事案件； 诉讼标的额在 50 亿元以上的一般知识产权民事案件。
	西藏自治区高级人民法院	拉萨市中级人民法院	拉萨市	诉讼标的额在 50 亿元以下的外观设计专利、驰名商标认定的知识产权民事案件； 诉讼标的额在 100 万元以上、50 亿元以下的一般知识产权案件。
	最高人民法院		西藏自治区	诉讼标的额在 1 亿元以下且当事人一方住所地不在本辖区或者涉外、涉港澳台的，以及 2 亿元以下且当事人住所地均在本辖区的实用新型、发明、植物新品种、集成电路布图设计、技术秘密、计算机软件、垄断纠纷的知识产权民事案件。
	西藏自治区高级人民法院	其他中级人民法院（阿里地区、昌都市、林芝市、那曲市、日喀则市、山南市）	自治辖区	诉讼标的额在 50 亿元以下的外观设计专利、驰名商标认定的知识产权民事案件； 诉讼标的额在 100 万元以上、50 亿元以下的一般知识产权案件。

(二十七)陕西省

地区	二审法院	一审法院	管辖地域	管辖第一审知识产权案件标准
陕西省	最高人民法院	陕西省高级人民法院	陕西省	诉讼标的额在 2 亿元以上，以及 1 亿元以上且当事人一方住所地不在本省或者涉外、涉港澳台的实用新型、发明、植物新品种、集成电路布图设计、技术秘密、计算机软件、垄断纠纷的知识产权民事案件； 诉讼标的额在 50 亿元以上的外观设计专利、驰名商标认定的知识产权民事案件； 诉讼标的额在 50 亿元以上的一般知识产权民事案件。
	陕西省高级人民法院	西安市中级人民法院(西安知识产权法庭)	西安市	诉讼标的额在 50 亿元以下的外观设计专利、驰名商标认定的知识产权民事案件； 诉讼标的额在 100 万元以上、50 亿元以下的一般知识产权案件。
	最高人民法院		陕西省	诉讼标的额在 1 亿元以下且当事人一方住所地不在本辖区或者涉外、涉港澳台的，以及 2 亿元以下且当事人住所地均在本辖区的实用新型、发明、植物新品种、集成电路布图设计、技术秘密、计算机软件、垄断纠纷的知识产权民事案件。
	陕西省高级人民法院	其他各中级人民法院(安康市、宝鸡市、汉中市、商洛市、铜川市、渭南市、咸阳市、延安市、榆林市)	各自辖区	诉讼标的额在 50 亿元以下的外观设计专利、驰名商标认定的知识产权民事案件； 诉讼标的额在 100 万元以上、50 亿元以下的一般知识产权案件。

(二十八) 甘肃省

地区	二审法院	一审法院	管辖地域	管辖第一审知识产权案件标准
甘肃省	最高人民法院	甘肃省高级人民法院	甘肃省	诉讼标的额在 2 亿元以上，以及 1 亿元以上且当事人一方住所地不在本省或者涉外、涉港澳台的实用新型、发明、植物新品种、集成电路布图设计、技术秘密、计算机软件、垄断纠纷的知识产权民事案件； 诉讼标的额在 50 亿元以上的外观设计专利、驰名商标认定的知识产权民事案件； 诉讼标的额在 50 亿元以上的一般知识产权民事案件。
	甘肃省高级人民法院	兰州市中级人民法院 (兰州知识产权法庭)	兰州市	诉讼标的额在 50 亿元以下的外观设计专利、驰名商标认定的知识产权民事案件； 诉讼标的额在 100 万元以上、50 亿元以下的一般知识产权案件。
	最高人民法院		甘肃省	诉讼标的额在 1 亿元以下且当事人一方住所地不在本辖区或者涉外、涉港澳台的，以及 2 亿元以下且当事人住所地均在本辖区的实用新型、发明、植物新品种、集成电路布图设计、技术秘密、计算机软件、垄断纠纷的知识产权民事案件。
	甘肃省高级人民法院	其他各中级人民法院(天水市、张掖市、武威市、平凉市、庆阳市、陇南市、甘肃省临夏回族自治州、酒泉市、金昌市、嘉峪关市、甘肃省甘南藏族自治州、定西市、白银市)	各自辖区	诉讼标的额在 50 亿元以下的外观设计专利、驰名商标认定的知识产权民事案件； 诉讼标的额在 100 万元以上、50 亿元以下的一般知识产权案件。

(二十九) 青海省

地区	二审法院	一审法院	管辖地域	管辖第一审知识产权案件标准
青海省	最高人民法院	青海省高级人民法院	青海省	诉讼标的额在 2 亿元以上，以及 1 亿元以上且当事人一方住所地不在本省或者涉外、涉港澳台的实用新型、发明、植物新品种、集成电路布图设计、技术秘密、计算机软件、垄断纠纷的知识产权民事案件； 诉讼标的额在 50 亿元以上的外观设计专利、驰名商标认定的知识产权民事案件； 诉讼标的额在 50 亿元以上的一般知识产权民事案件。
	青海省高级人民法院	西宁市中级人民法院	西宁市	诉讼标的额在 50 亿元以下的外观设计专利、驰名商标认定的知识产权民事案件； 诉讼标的额在 100 万元以上、50 亿元以下的一般知识产权案件。
	最高人民法院		青海省	诉讼标的额在 1 亿元以下且当事人一方住所地不在本辖区或者涉外、涉港澳台的，以及 2 亿元以下且当事人住所地均在本辖区的实用新型、发明、植物新品种、集成电路布图设计、技术秘密、计算机软件、垄断纠纷的知识产权民事案件。
	青海省高级人民法院	其他中级人民法院(青海省果洛藏族自治州、青海省海北藏族自治州、海东市、青海省海南藏族自治州、青海省海西蒙古族藏族自治州、青海省黄南藏族自治州、青海省玉树藏族自治州)	各自辖区	诉讼标的额在 50 亿元以下的外观设计专利、驰名商标认定的知识产权民事案件； 诉讼标的额在 100 万元以上、50 亿元以下的一般知识产权案件。

（三十）宁夏回族自治区

地区	二审法院	一审法院	管辖地域	管辖第一审知识产权案件标准
宁夏回族自治区	最高人民法院	宁夏回族自治区高级人民法院	宁夏回族自治区	诉讼标的额在 2 亿元以上，以及 1 亿元以上且当事人一方住所地不在本省或者涉外、涉港澳台的实用新型、发明、植物新品种、集成电路布图设计、技术秘密、计算机软件、垄断纠纷的知识产权民事案件； 诉讼标的额在 50 亿元以上的外观设计专利、驰名商标认定的知识产权民事案件； 诉讼标的额在 50 亿元以上的一般知识产权民事案件。
	宁夏回族自治区高级人民法院		银川市	诉讼标的额在 50 亿元以下的外观设计专利、驰名商标认定的知识产权民事案件； 诉讼标的额在 100 万元以上、50 亿元以下的一般知识产权案件。
	最高人民法院	银川市中级人民法院	宁夏回族自治区	诉讼标的额在 1 亿元以下且当事人一方住所地不在本辖区或者涉外、涉港澳台的，以及 2 亿元以下且当事人住所地均在本辖区的实用新型、发明、植物新品种、集成电路布图设计、技术秘密、计算机软件、垄断纠纷的知识产权民事案件。
	宁夏回族自治区高级人民法院	其他中级人民法院（固原市、石嘴山市、吴忠市、中卫市）	各自辖区	诉讼标的额在 50 亿元以下的外观设计专利、驰名商标认定的知识产权民事案件； 诉讼标的额在 100 万元以上、50 亿元以下的一般知识产权案件。

（三十一）新疆维吾尔自治区

地区	二审法院	一审法院	管辖地域	管辖第一审知识产权案件标准
新疆维吾尔自治区	最高人民法院	新疆维吾尔自治区高级人民法院	新疆维吾尔自治区	诉讼标的额在 2 亿元以上，以及 1 亿元以上且当事人一方住所地不在辖区或者涉外、涉港澳台的实用新型、发明、植物新品种、集成电路布图设计、技术秘密、计算机软件、垄断纠纷的知识产权民事案件； 诉讼标的额在 50 亿元以上的外观设计专利、驰名商标认定的知识产权民事案件； 诉讼标的额在 50 亿元以上的一般知识产权民事案件。
	新疆维吾尔自治区高级人民法院	乌鲁木齐市中级人民法院（乌鲁木齐知识产权法庭）	乌鲁木齐市	诉讼标的额在 100 万元以上、50 亿元以下的一般知识产权案件； 诉讼标的额在 50 亿元以下的外观设计专利、驰名商标认定的知识产权民事案件。
	最高人民法院		新疆维吾尔自治区	管辖新疆维吾尔自治区诉讼标的额在 1 亿元以下且当事人一方住所地不在本辖区或者涉外、涉港澳台的，以及 2 亿元以下且当事人住所地均在本辖区的实用新型、发明、植物新品种、集成电路布图设计、技术秘密、计算机软件、垄断纠纷的知识产权民事案件。
	新疆维吾尔自治区高级人民法院	其他中级人民法院（阿克苏地区、阿勒泰地区、巴音郭楞蒙古自治州、博尔塔拉蒙古自治州、昌吉回族自治州、哈密市、和田地区、喀什地区、克拉玛依市、克孜勒苏柯尔克孜自治州、塔城地区、吐鲁番地区、伊犁哈萨克自治州）	各自辖区	诉讼标的额在 50 亿元以下的外观设计专利、驰名商标认定的知识产权民事案件； 诉讼标的额在 100 万元以上、50 亿元以下的一般知识产权案件。

（三十二）新疆生产建设兵团

地区	二审法院	一审法院	管辖地域	管辖第一审知识产权案件标准
新疆生产建设兵团	最高人民法院	新疆维吾尔自治区高级人民法院生产建设兵团分院	新疆生产建设兵团	诉讼标的额在 2 亿元以上，以及 1 亿元以上且当事人一方住所地不在辖区或者涉外、涉港澳台的实用新型、发明、植物新品种、集成电路布图设计、技术秘密、计算机软件、垄断纠纷的知识产权民事案件； 诉讼标的额在 50 亿元以上的外观设计专利、驰名商标认定的知识产权民事案件； 诉讼标的额在 50 亿元以上的一般知识产权民事案件。
	新疆维吾尔自治区高级人民法院生产建设兵团分院	新疆生产建设兵团第八师中级人民法院	新疆生产建设兵团第八师、第四师、第五师、第七师、第十师	诉讼标的额在 100 万元以上、50 亿元以下的一般知识产权案件； 诉讼标的额在 50 亿元以下的外观设计专利、驰名商标认定的知识产权民事案件。
	最高人民法院			诉讼标的额在 1 亿元以下且当事人一方住所地不在本辖区或者涉外、涉港澳台的，以及 2 亿元以下且当事人住所地均在本辖区的实用新型、发明、植物新品种、集成电路布图设计、技术秘密、计算机软件、垄断纠纷的知识产权民事案件。
	新疆维吾尔自治区高级人民法院生产建设兵团分院	新疆生产建设兵团第十二师中级人民法院	第十二师、第一师、第二师、第三师、第六师、第十三师、第十四师、建工师辖区内以及发生在	诉讼标的额在 100 万元以上、50 亿元以下的一般知识产权案件； 诉讼标的额在 50 亿元以下的外观设计专利、驰名商标认定的知识产权民事案件。

续表

地区	二审法院	一审法院	管辖地域	管辖第一审知识产权案件标准
新疆生产建设兵团	最高人民法院		乌鲁木齐市城区范围内符合《关于新疆生产建设兵团人民法院案件管辖权问题的若干规定》范围	诉讼标的额在 1 亿元以下且当事人一方住所地不在本辖区或者涉外、涉港澳台的，以及 2 亿元以下且当事人住所地均在本辖区的实用新型、发明、植物新品种、集成电路布图设计、技术秘密、计算机软件、垄断纠纷的知识产权民事案件。

后　记

继《2020 年知识产权法律法规汇编》内刊印刷后，团队又一新作《知识产权诉讼管辖指引》正式出版。

在知识产权诉讼实务中，精准、合理地选择管辖法院十分重要。特别是原告选择正确、合适的管辖法院是诉讼启动的前提条件。反之，将可能因管辖权异议而额外增加诉讼成本和时间成本，甚至降低诉讼预期效果，严重的将影响到案件的结果。本书主要包括知识产权领域内级别和地域管辖的法律法规、典型管辖裁判要旨解析以及全国法院管辖目录整理，从一般规定、典型裁判分析到法院管辖目录三个方面，试图让读者对知识产权诉讼管辖有全面的了解。

检索、整理、编撰本书是一项大工程。因知识产权管辖的规定错综复杂，全国管辖法院众多，团队成员在整理法律法规、提炼裁判要旨、汇总管辖法院的过程中一度显得十分吃力。又因管辖规定难以检索齐全，加之互联网法院、知识产权法庭、知识产权法院的诉讼管辖存在特殊性，特别是最高人民法院于 2019 年 5 月 1 日实施的《最高人民法院关于调整高级人民法院和中级人民法院管辖第一审知识产权民事案件标准的通知》[法发〔2019〕14 号] 大幅度提高中级和高级法院级别管辖的诉讼标的额的标准，更是加大了本书的整理难度。

作为一名扎根知识产权领域并积累了多年实务经验的律师，我深知经验的源泉在于实践，实践的精髓在于积累与总结。在经办众多案件后，我发现积累与总结的习惯为我带来了巨大的益处，这是我执业至今所培养出来的，现在我打算用这种执业习惯的所得所获去尝试进行知识及经验输出，为相关人员提供参考。

特别感谢为本书作出贡献的每一位同仁，包括团队每一位小伙伴、参与校正法院管辖目录的律师同仁以及为本书提供意见的朋友们。没有他们，本书不可能成文。衷心感谢每一位认可本书的朋友们，特别是广东省知识产权保护协会会长朱万昌先生为本书作序。感谢广东省律师协会副秘书长邓捷先生，广东知识产权保护协会副会长兼秘书长陈胜杰先生，中南财经政法大学法学院陈虎(陈少文)教授，中央民族大学法学院、中国法学会知识产权法学研究会理事熊文聪副教授，北京大学粤港澳大湾区知识产权发展研究院首席项目执行官张宇枢先生对本书提出的宝贵意见及对本书的认可与推荐。

　　另，因我国知识产权司法管辖之错综复杂、丰富多样、时刻更新，团队成员客观上又存在认知有限、检索不全等不足之处，本书难免存在些许纰漏、笔误、滞后，甚至错误，敬请广大读者不吝批评指正。

　　业精于勤，荒于嬉。翊正团队正持续升级中，欢迎关注！

翊正团队负责人：陈明武

2021 年 6 月 1 日